시(詩)로 노래하는
그리스 로마 신화

시(詩)로 노래하는
그리스 로마 신화

초판 1쇄 인쇄일 2025년 9월 16일
초판 1쇄 발행일 2025년 9월 23일

지은이 송인엽
펴낸이 양옥매
표지 디자인 표지혜
내지 디자인 송다희
마케팅 송용호
교　정 조준경 장서희 강선호

펴낸곳 도서출판 책과나무
출판등록 제2012-000376
주소 서울특별시 마포구 방울내로 79 이노빌딩 302호
대표전화 02.372.1537　**팩스** 02.372.1538
이메일 booknamu2007@naver.com
홈페이지 www.booknamu.com
ISBN 979-11-6752-691-5 (03800)

* 저작권법에 의해 보호를 받는 저작물이므로 저자와 출판사의 동의 없이
　내용의 일부를 인용하거나 발췌하는 것을 금합니다.
* 파손된 책은 구입처에서 교환해 드립니다.

시(詩)로 노래하는
그리스 로마 신화

송인엽 시집

제우스와 거인과의 싸움(기간토마키아)을 바라보는 가이아

철없이 뛰놀던 국민학교 2학년 꽃피던 봄날에
헤라클레스 만화책을 읽게 했던 송계선 작은아버님,

봄의 화창함을 생각하기 시작하던 중학교 2학년 무덥던
여름날에 오비디우스와 율리아 공주의 사랑 이야기를 하며
『변신 이야기』를 읽게 했던 외우 김기원 군과

신화 속의 영웅들이 고난을 헤쳐 나가는
그 불굴의 의지와 용기로
오늘날 불확실의 시대에 삶을 살고 있는 여러분께

이 노래를 바칩니다.

2025년 맹하
송인엽 드림

서시

신화의 노래

태초의 바람이 속삭이고
신들의 이름은 물결을 탔다

천상의 불꽃이 내려오고
인간은 꿈을 노래했다

올림푸스 높은 봉우리 위에
영웅은 운명을 맞이했다

황금빛 바다를 가르는 배에
바람은 오디세우스를 불렀다

사랑과 전쟁이 엇갈리고
신들의 장난은 인간의 길을 바꿨다

신화는 과거가 아닌 현재이고
우리의 숨결 속에 살아 있다

신들의 이야기는 끝나지 않았고
인간은 또다시 길을 찾는다

운명의 실을 잇는 자들이여
신화의 노래를 이어 가라

작가의 말

 신화는 단순히 과거의 이야기가 아닙니다. 그것은 우리의 사고와 감성 속에 깊이 자리 잡고 있으며, 시대를 넘나들며 인간의 삶을 비추는 거울이 됩니다. 올림푸스의 신들이 인간을 시험하고, 영웅들이 고난을 헤쳐 나가는 이야기 속에는 우리 현대인의 꿈과 욕망, 그리고 끝없는 질문이 담겨 있습니다.

 《시(詩)로 노래하는 그리스 로마 신화》는 신화 속 인물과 사건을 친근한 시(詩)로 풀어내어, 서사의 웅장함과 시의 감성을 한데 엮어 내려 노력했습니다. 신화는 단순한 모험담이 아니라, 인간 존재의 깊은 고민을 품고 있습니다.

 헤라클레스의 힘은 승리의 상징이지만, 동시에 인간이 지고 가야 할 무거운 짐이기도 합니다. 프로메테우스의 불꽃은 희망이지만, 불확실한 미래를 향한 도전이기도 합니다. 우리는 신화 속 인물들을 통해 우리의 모습을 비추어 보며, 그들이 걸어간 길을 따라 자신만의 답을 찾아갈 수 있습니다.

이야기는 끝나지 않습니다. 과거의 신화는 현대의 이야기 속에서 새로운 형태로 다시 태어나며, 현대의 삶 속에서도 답을 제시하고 있습니다. 영화와 게임, 문학 속에서 신들의 이름은 여전히 속삭이며, 영웅들은 다시 운명과 맞서고 있습니다. 우리는 신화 속 인물들과 다르지 않습니다. 사랑과 욕망, 전쟁과 평화, 선택과 후회의 갈림길에서 인간은 언제나 신화와 같은 여정을 이어 갑니다.

이 책을 통해 독자 여러분이 신화 속에서 길을 찾고, 삶의 의미를 다시금 되새기며 나아가는 길에서 위로와 깨달음을 얻기를 바랍니다. 신화는 과거가 아니라, 지금 우리의 삶 속에 숨 쉬며 존재하고 있습니다. 그리스 로마 신화의 노래를 다시금 울려 퍼지게 하는 여정에 함께해 주셔서 감사합니다.

2025년 여름, 강동 우거에서
송인엽

차례

서시   6
작가의 말   8

제1장 원초신 세대(1세대, 우라노스의 시대)

1. 공허와 탄생 - 카오스와 가이아의 이야기   19
2. 에로스와 사랑의 기원   22
3. 우라노스, 그 영원의 빛   24
4. 닉스와 밤의 기억   26
5. 낮의 빛, 헤메라   28
6. 에레보스, 그림자를 품다   30
7. 타르타로스와 심연의 세계   32
8. 영원의 바다, 폰토스의 노래   34
9. 아이테르와 태초의 빛   36
10. 크로노스의 반란   38

제2장 티탄신 세대(2세대, 크로노스 시대)

1. 크로노스, 모든 시작과 끝에서   44
2. 강과 바다의 신화, 오케아노스   48

3.	코이오스와 별들의 질서	49
4.	생명의 불꽃, 히페리온	50
5.	창조의 근원, 이아페토스	51
6.	레아, 모든 어머니의 이름으로	53
7.	테티스의 가장 오래 흐르는 노래	55
8.	포이베, 예언의 입술로	56
9.	테이아와 빛의 기원	57
10.	법과 정의의 뿌리, 테미스	58
11.	므네모시네의 기억의 노래	59
12.	헬리오스, 태양을 띄우다	61
13.	셀레네, 달빛으로 엮은 사랑의 숨결	62
14.	첫 빛이 세상을 깨울 때, 에오스	63
15.	거대한 지주, 아틀라스	64
16.	신이지만 인간을 사랑한 프로메테우스	65
17.	에피메테우스, 운명과 선택 앞에서	68
18.	레토, 생명을 품는 별이 되다	70
19.	아스테리아, 밤을 따라 흐르다	71
20.	티타노마키아	
	- 천상과 지하를 가른 신들의 전쟁, 그 마지막 불꽃	72
21.	기간토마키아 - 신과 거인의 전쟁	75

제3장 올림푸스신 세대(3세대, 제우스 시대)

1.	올림푸스의 서광	82
2.	신들의 군주, 제우스	86

3. 불멸의 왕후, 헤라　　　　　　　　　　　　91
4. 하데스와 페세네포네 - 저승과 봄의 신화　　94
5. 포세이돈, 끝없는 심해를 품다　　　　　　　98
6. 아테나, 그대의 이름은 지혜의 빛　　　　　101
7. 아폴론이 부르는 영혼의 숨결　　　　　　　104
8. 어둠과 빛 사이를 걷는 자, 아르테미스　　107
9. 아프로디테, 모든 사랑의 시작이자 끝　　　110
10. 차가운 불꽃에 단단히 새겨진 이름, 헤파이토스　113
11. 아레스, 그의 전쟁은 끝나지 않았다　　　　116
12. 데메테르, 봄을 기다리는 마음이여　　　　119
13. 헤르메스, 꿈결처럼 세상을 떠돌다　　　　123
14. 디오니소스와 와인 한 잔의 진실　　　　　126
15. 헤스티아여, 삶의 모닥불이여　　　　　　　129
16. 사랑과 눈물 사이에서, 에로스　　　　　　132
17. 뮤즈에게 바치는 찬가 - 기억과 영감의 딸들　135
18. 티탄족의 후예　　　　　　　　　　　　　140
19. 신들과 함께한 존재들　　　　　　　　　　148
20. 아프로디테와 아레스의 밀애 - 황금 그물의 올림푸스 158

제4장 영웅시대

1. 헤라클레스의 12가지 과업 - 헤라클레스의 노래　165
2. 페르세우스와 메두사의 머리 - 운명에 맞선 검의 노래 171
3. 고르곤의 세 자매　　　　　　　　　　　174

4. 이아손과 아르고호의 모험 - 이아손과 황금 양털 178
5. 테세우스와 미노타우로스의 전투
   - 미궁을 가른 영웅이여 184
6. 오이디푸스와 숙명 - 운명의 굴레 아래 188
7. 메데이아와 복수의 이야기
   - 콜키스의 공주, 메데이아, 불꽃의 심장이여 194
8. 아마존 여전사들과의 전투
   - 아마존의 노래, 불꽃의 여전사여 197
9. 오르페우스의 비가 - 저 너머로 흐르는 노래 200
10. 오리온, 별이 된 사냥꾼이여 204

제5장 트로이 전쟁

1. 황금 사과, 전쟁의 발단 209
2. 세상에서 가장 아름다운 여인, 헬레네 211
3. 출정의 서곡 - 전쟁의 발발과 그리스 연합군 집결 214
4. 카산드라의 예언과 무시 - 비운의 예언자 카산드라 217
5. 헥토르의 분전
   - 트로이의 수호자, 헥토르의 마지막 날 220
6. 아킬레스의 분노와 전사 223
7. 트로이 목마와 트로이의 몰락 226
8. 오디세우스의 모험과 귀향 - 오디세이아의 노래 229
9. 아이네이아스의 위대한 여정 234

제6장　인간 시대

1. 판도라의 상자 - 인간의 마음을 희망하세요　241
2. 데우칼리온과 피라, 새로운 인류의 시조　244
3. 에우로페와 제우스의 사랑
   - 에우로페, 떠도는 사랑이여　247
4. 니오베, 오만의 대가　249
5. 다푸네와 아폴론의 엇갈린 사랑
   - 그러나 영광과 승리의 월계수로　251
6. 퓌스케와 에로스의 사랑: 의심을 넘어서　254
7. 시지프스, 끝없는 형벌　257
8. 탄탈로스, 영원한 갈증이여　260
9. 파에톤, 태양 수레의 추락　263
10. 피그말리온과 갈라테아의 사랑　266
11. 디아달로스와 이카로스의 날개에 얽힌 교훈　269
12. 나르시스, 사랑과 자기애의 비극　272

제7장　신화의 여운과 현대적 해석

1. 신화는 인간의 마음을 비춘 것　277
2. 가이아와 환경운동 - 대지의 의견　279
3. 프로메테우스와 인공지능, 창조와 권한
   - 불과 빛 사이에서 길을 찾다　281
4. 판도라의 상자와 현대 사회의 불안　283
5. 오디세우스와 인간 존재의 여정　286

6. 아프로디테와 사랑의 다층성 289
7. 디오니소스와 광기 – 자유와 억압의 경계 291
8. 헤라클레스의 짐, 인간의 길 294
9. 신화는 끝나지 않는다 – 인간의 영원한 이야기 296

제8장 신들의 계보

1. 원초신 세대 300
2. 티탄신 세대 301
3. 올림푸스신 세대 303

제9장 그리스 로마 신화의 詩的 접근

1. 詩的 접근의 목적 309
2. 그리스 로마 신화가 현대에 미치는 영향 309
3. 신화를 시로 표현하는 의미 309
4. 신화의 본질과 구조 310
5. 대표적인 신화와 시적 접근 315
6. 신화적 모티프의 시적 표현 320

시집 평설 324
닫는 시 329

제1장 원초신 세대

1세대 우라노스의 시대

우라노스와 그의 어머니이자 아내인 가이아의 행복하던 시절

들어가기 전에

가이아 → 우라노스 → 크로노스 → 제우스로 이어지는 그리스 신화의 신권 계보도

```
┌─────────────────────┐      ┌─────────────────────┐
│    가이아 (Gaia)    │      │  우라노스 (Uranus)  │
│     대지의 여신,    │      │      하늘의 신,     │
│    만물의 어머니    │      │  가이아의 아들이며 남편 │
└─────────────────────┘      └─────────────────────┘
             │                          │
             └──────────┬───────────────┘
                        │
┌─────────────────────────────────────────────────┐
│   자식들: 티탄 신족, 키클롭스, 헤카톤케이레스 등   │
└─────────────────────────────────────────────────┘


┌─────────────────────┐      ┌─────────────────────┐
│   크로노스 (Cronus) │      │     레아 (Rhea)     │
│   티탄 신족의 막내, │      │       여신이자      │
│ 우라노스를 거세하고 권력 장악 │ │ 크로노스의 누이이자 아내 │
└─────────────────────┘      └─────────────────────┘
             │                          │
             └──────────┬───────────────┘
                        │
┌─────────────────────────────────────────────────┐
│ 자식들: 헤스티아, 데메테르, 헤라, 하데스, 포세이돈, 제우스 │
└─────────────────────────────────────────────────┘

            ┌─────────────────────┐
            │     제우스 (Zeus)    │
            │   막내아들, 크로노스를 무찌르고 │
            │   올림포스의 최고신이 됨 │
            └─────────────────────┘
                        │
┌─────────────────────────────────────────────────┐
│    올림포스 12신과 새로운 신권 시대의 시작       │
└─────────────────────────────────────────────────┘
```

공허와 탄생
– 카오스와 가이아의 이야기

태초의 공허 속에서 혼돈만이 춤출 때
빛도 없고 소리도 없는 심연이 흐를 때
어둠은 끝없는 바다처럼 넘실대며,
모든 것이 시작되기 전의 침묵을 품었네

그러나 침묵 속에서 운명이 속삭였고
깊은 어둠이 저 아래서 몸을 흔들 때
먼저 가이아, 대지의 숨결이 피어났네
그녀의 품 안에서 생명이 꿈틀거렸네

깊은 바다도, 드높은 하늘도 없었으나
가이아는 고요 속에서 스스로 우뚝 서며
그녀의 손길 따라 산과 들이 자라났고
세상의 밑바탕을 처음으로 그렸네

혼돈은 여전히 어둠 속에 웅크리고
가이아는 생명의 근원이 되어
거친 돌과 바람과 강을 품으며

태초의 신들을 맞이할 준비를 했네

그녀의 심장에서 첫 숨결이 흘러나와
우주에 퍼지며 생명의 씨앗이 되었네
그리하여 대지의 여신은 첫발을 내디디며
세상의 운명을 처음으로 노래했네

그때 에로스, 사랑의 힘이 우주를 감싸며
가이아의 심장을 따뜻하게 물들였네
그의 손길 따라 생명의 불꽃이 피어나고
가이아는 새로운 창조의 힘을 얻었네

가이아의 심연에서 새로운 존재가 일어나
하늘을 가득 채울 우라노스가 솟아났네
그는 넓은 창공을 펼쳐 세상을 감싸며
대지 위에서 가이아와 하나가 되었네

우라노스와 가이아는 서로를 감싸안고
밤하늘과 대지가 하나 되어 맺어지며
둘 사이에서 첫 생명의 씨앗이 자라나
새로운 신들의 운명이 정해졌네

그들의 품에서 강인한 티탄이 태어나고
거대한 몸을 가진 키클롭스도 빛을 보며
혼돈 속에서 만들어진 헤카톤케이레스
세상의 힘을 다스릴 준비를 했네

하지만 운명은 고요히 흐르지 않았으니
우라노스는 자식들을 깊은 어둠 속에 가두고
가이아는 분노 속에서 새 세상을 꿈꾸며
위대한 시대의 변화가 다가왔네

운명은 언제나 흐르는 것이니,
하늘과 대지조차 영원할 수 없었네
사랑과 갈등이 얽혀 가는 그 순간
신들의 역사는 새롭게 쓰여지네

이제 자식들은 어둠을 찢고 일어나며
우라노스의 피가 바다로 떨어지고
세대의 흐름 속에서 새로운 길을 열겠네
새 시대가 열리네

에로스*와 사랑의 기원

태초의 어둠이 조용히 흐를 때
모든 것이 잠든 심연의 고요 속에서
에로스, 사랑의 불꽃이 피어나며
운명은 그의 숨결 따라 노래했네

그의 손길이 닿는 곳마다 빛이 퍼지고
깊은 바다도 그의 속삭임에 춤추며
가이아는 따스한 빛 속에서 눈을 뜨고
우주는 사랑의 힘으로 깨어났네

에로스는 하늘과 대지를 잇는 가교가 되어
모든 생명의 기원을 은은하게 물들였네

그의 눈빛은 별처럼 반짝이며
세상의 심장을 부드럽게 감싸안았네

---

* Eros, 사랑의 신

사랑은 처음으로 바람을 타고 흐르고
운명은 그의 손끝에서 꽃처럼 피어나
어둠 속에서도 영원히 숨 쉬며
사랑의 기원은 우주의 리듬을 이루네

그리하여 에로스의 숨결은 시간 속에서 살아남고
모든 생명은 그의 속삭임 속에서 꿈을 꾸네

하늘과 땅이 하나 되어 춤추는 순간
사랑의 노래는 영원히 메아리치네

우라노스*, 그 영원의 빛

창공 위에 자리한 신들의 왕좌
대지의 숨결 속에 빛나는 이름
우라노스여, 너른 하늘의 군주여
네 품 안에서 세상이 태어나네

바람은 너의 목소리를 실어 나르고
구름은 너의 망토를 부드럽게 감싸네
별들은 너의 눈빛 아래 빛을 내며
밤과 낮의 흐름 속에서 춤을 추네

세상의 위에서 모든 것을 품으며
깊은 침묵 속에 운명을 새기네
대지와 바다를 감싸안은 너의 숨결
시간마저 너의 질서 속에 흐르네

너의 품속에서 신들이 태어나고

---

*   Uranus, 하늘의 신

티탄의 피가 하늘 아래 흐르네
새로운 시대를 여는 파멸과 창조
우라노스여, 영원한 하늘이여

너의 후손들이 너를 무너뜨려도
그대의 존재는 여전히 빛나리라
무한한 하늘은 네 이름을 부르며
창공의 신화 속에 영원히 머무네

시간을 넘어서 흐르는 너의 존재
하늘의 신이여, 창공의 주인이여
대지 아래 뿌리내린 기억 속에서
너는 영원의 빛으로 숨 쉬리라

별빛은 다시 네 품에서 태어나고
구름은 너의 손길 속에서 흩날리네
우라노스여, 신들의 하늘이여
너의 이름은 영원히 울려 퍼지리라

하늘 너머 세월을 품은 존재여
끝없는 창공 속에서 너는 머물리라
운명이 흐르는 그 길을 따라
우라노스여, 영원의 빛이여

닉스*와 밤의 기억

밤의 장막이 천천히 내려앉을 때
별빛은 조용히 그녀의 품에 안기네
어둠 속에서 속삭이는 신비로운 꿈
닉스여, 밤의 주인이여, 영원을 새기네

운명과 시간을 넘나드는 그림자 속에서
세상의 모든 것은 그녀 앞에 잠드네
천천히 흐르는 밤의 숨결은 은은히
달빛을 감싸며 세상을 어루만지네

그녀의 발걸음 따라 고요한 파도가
잊혀진 기억을 속삭이며 떠오르네
밤이 깃들 때 진실은 그늘 속에 숨고
닉스는 영원의 어둠을 부드럽게 펼치네

어둠과 빛의 경계가 사라지는 순간

*   Nyx, 밤의 여신

별들은 그녀의 눈빛을 따라 춤추네
그녀의 손끝에서 운명이 그려지니
밤의 여신이여, 영원을 품어 주소서

침묵 속에서 깨어나는 달의 환영
바람조차 그녀의 노래에 머물러 있네
우주 속에 퍼지는 조용한 균형
닉스의 품에 세상이 잠이 드네

영원의 어둠이 빛을 감싸안으며
시간마저 그녀 앞에서 낮추어지네
밤이 끝나면 새벽이 찾아오지만
닉스여, 그대는 영원의 밤이네

낮의 빛, 헤메라*

황금빛 깃든 여명이 춤추며 피어오를 때
밤의 망토를 걷어 내고 빛을 뿌리네
헤메라여, 새벽의 숨결 속에 깨어나
낮을 품고 세상을 환히 밝혀 주네

태양의 손길 따라 하늘을 어루만지며
구름 사이로 부드러운 빛을 흩트네
어둠이 물러가고 찬란한 빛이 감싸니
헤메라의 숨결 속에 생명이 눈뜨네

푸른 대지 위에 금빛의 꽃이 피어나고
산들바람도 그녀의 이름을 속삭이네
아침 이슬 반짝이며 찬란한 빛을 품고
헤메라의 손끝에서 낮이 흐르네

새들이 노래하며 하늘 높이 춤을 추고

---

* Hemera, 낮의 여신

강물은 햇살 속에서 유유히 흐르네
그녀의 발걸음 따라 생명이 춤을 추며
모든 것이 빛 속에서 조화를 이루네

황금빛 태양이 천천히 그 자리에 오르면
세상은 따뜻한 품속에서 잠이 깨네
헤메라여, 낮의 주인이여, 빛을 다스리며
영원한 광명을 이끌어 세상을 감싸네

밤이 다시 찾아오며 낮이 저물어도
그녀의 미소는 여명 속에 머물리라
태양이 떠오르는 순간 다시 깨어나
헤메라의 빛으로 세상은 다시 밝아지리라

에레보스*, 그림자를 품다

어둠 속에서 태어나 그림자를 품은 자
밤의 심연에서 조용히 숨 쉬는 존재
태양이 물러간 자리에 그의 왕국이 깃들고
침묵 속에서 운명을 조각하는 신이여

달조차 그 앞에서 빛을 낮추며 머물고
별들은 속삭이며 그의 이름을 부르네
에레보스여, 세상의 경계를 넘어서
어둠 속에 흐르는 비밀을 간직한 자

그의 손길 닿는 곳에 시간은 멎고
모든 빛은 부드럽게 그 품에 잠기네
낮이 지고 밤이 흐르는 순간 속에서
그는 영원의 그림자로 세상을 감싸네

안개 속에서 부드러운 속삭임이 들리고

---

*   Erebos, 어둠의 신

바람은 그의 발걸음 따라 흔들리네
보이지 않는 곳에서 신들의 비밀을 품고
그의 왕국은 끝없는 어둠 속에 머무네

침묵 속에서 흐르는 깊은 그림자의 힘
그의 망토 속에 우주는 잠이 드네
에레보스여, 어둠의 신이여
영원의 밤 속에서 세상을 다스리소서

빛은 사라지고 어둠이 춤추는 순간
그의 숨결이 세상을 감싸며 속삭이네
태양이 다시 떠오를지라도
그의 그림자는 영원히 흐르리라

타르타로스*와 심연의 세계

깊고 끝없는 어둠 속에 잠든 자여
빛마저 삼키는 심연의 군주여
세상의 질서가 무너진 그곳에서
운명은 조용히 그의 이름을 부르네

천상의 신들은 그를 두려워하고
저주받은 영혼은 그 품에 갇히네
영원의 심연 아래 흐르는 속삭임
타르타로스여, 침묵 속의 지배자여

대지의 뿌리보다 깊은 곳에 잠들고
시간의 흐름조차 잊힌 어둠 속에
아무도 돌아올 수 없는 저 아래
그의 왕국은 공허 속에 빛을 거부하네

거친 바람마저 조용히 멈춰 서고

---

*   Tartarus, 심연과 지하의 신

신조차 그의 심연을 피하려 하네
그는 형벌의 왕국을 가두며
끝없는 밤 속에서 세상을 지켜보네

고통과 운명이 함께 숨 쉬는 곳에
영혼의 울림이 메아리치는 공간에
타르타로스여, 그대를 거스를 자 누구인가
그림자 속에서 모든 것을 삼키리라

빛이 닿지 않는 그곳 깊은 심연 속에서
영원한 침묵이 그의 왕좌를 지키리라
운명이 흐르는 그 밤의 심장 속에서
그의 이름은 영원히 속삭이리라

영원의 바다, 폰토스*의 노래

거센 파도 속에 숨겨진 영원의 힘
깊은 심연에서 최초의 물결이 태어나네
폰토스여, 원초의 바다여, 끝없는 흐름
그대의 품 안에서 생명이 춤추네

세월의 손길조차 가를 수 없는 깊이
빛마저 가라앉는 거대한 바다의 품속
그대는 창조의 근원, 바람과 물결을 인도하며
모든 존재를 감싸안고 노래하네

별조차 그대의 움직임 따라 춤추고
달빛은 조용히 물결 위에 흔들리네
폰토스여, 바다의 심장, 세상의 숨결
그대의 발길 따라 바람이 흩날리네

파도가 속삭이며 신들의 비밀을 품고

---

*   Pontos, 바다의 신

깊은 어둠 속에서 운명을 새기네
그대의 품은 끝없는 시간의 조각
태양이 떠올라도 여전히 푸르리라

고요함과 격랑이 교차하는 영원의 바다
소멸과 탄생이 함께 숨 쉬는 세계
폰토스여, 대지 아래 흐르는 깊은 힘
그대의 물결 속에서 신들이 잠드네

세상이 끝나도 변하지 않는 흐름
그대의 심연 속에서 진리가 속삭이네
폰토스여, 바다의 주인이여
그대의 노래는 영원히 이어지리라

아이테르*와 태초의 빛

창공 너머, 찬란한 빛이 흐르며
어둠을 가르고 세상을 감싸네
아이테르여, 순수한 광명의 숨결
신들의 왕국을 은은히 비추네

별빛은 그의 손끝에서 춤추고
달조차 부드러운 빛 속에 잠드네
신들의 숨결이 깃든 맑은 하늘
아이테르의 품에서 자유로이 흐르네

바람은 그의 이름을 속삭이며
구름은 가볍게 태양을 맞이하네
아침의 빛이 여명을 수놓으면
그의 망토 속에 하늘이 깨어나네

밝은 빛이 공간을 가르며 퍼지고

---

*　　Aether, 빛과 상층 대기의 신

신들의 노래가 은은히 메아리치네
아이테르여, 우주의 황금빛 숨결
영원한 광명으로 하늘을 채우네

모든 창조의 순간에 그가 깃들고
태초의 빛은 그의 심장에서 피어나네
어둠을 걷어 내며 신들의 길을 밝히니
그의 영광은 끝없이 빛나리라

하늘이 다시 빛으로 물들 때
그의 손길 속에서 세계가 피어나네
아이테르여, 빛과 순수한 공기의 신이여
그대의 광명은 영원히 우리 곁에 머물리라

크로노스의 반란

창공 위에 군림하던 우라노스여
하늘의 장막을 펼쳐 세상을 감싸네
그러나 대지 속에서 들려오는 울림
가이아의 분노가 그의 운명을 흔드네

깊은 대지의 품에서 강철이 빚어지고
크로노스의 손에 운명의 낫이 들리네
별들은 그의 결의를 따라 떨고
하늘을 가를 칼날이 빛을 내네

거대한 존재의 그림자가 흔들리고
창공을 지배하던 신이 비명을 내네
크로노스여, 어미가 건넨 칼날을 들고
우라노스를 저 아래로 내던지네

하늘과 대지가 격렬하게 부딪치며,
시간의 흐름은 새로운 길을 열고
운명의 바퀴가 거세게 요동치니

신들의 시대가 다시 짜여지네

우라노스의 피는 대지와 바다에 흩날리고
그 붉은 흔적에서 새로운 신들이 솟네
복수와 탄생이 엉켜 흐르는 순간
운명은 다시금 춤을 추네

크로노스여, 왕좌를 차지한 자여
그러나 운명은 너를 조용히 주시하네
너의 자식들 속에서 새로운 시대가
너의 몰락을 속삭이고 있네

크로노스의 시대는 빛을 맞이하나
또 다른 전쟁이 다가오고 있네
신들의 역사 속에 새겨진 전쟁,
시간의 흐름 속에서 영원히 기억되리라

어머니 가이아가 준 낫으로 아버지 우라노스를 공격하는 크로노스

제2장
티탄족 시대

2세대 크로노스 시대

크로노스가 5자녀와 돌을 토하는 것을 지켜보는 레아와 제우스

들어가기 전에

—

- ■ 티탄 1세대 주요 12신: 우라노스와 가이아의 자녀
- – 크로노스: 시간과 권력의 신. 아버지를 어머니가 준 낫으로 몰아내고 왕이 됨
- – 오케아노스: 모든 강과 바다의 원천. 바다의 신
- – 히페리온: 빛과 천체의 신. 태양신 헬리오스의 아버지
- – 코이오스: 지식과 예언의 신. 레토의 아버지
- – 크리오스: 별자리와 계절의 신. 전쟁의 상징으로도 해석됨
- – 이아페토스: 인간의 조상. 프로메테우스와 아틀라스의 아버지
- – 레아: 풍요와 출산의 여신. 크로노스의 아내이자 제우스의 어머니
- – 테티스: 바다의 여신. 오케아노스와 결혼하여 강의 신들을 낳음
- – 테이아: 시각과 빛의 여신. 태양, 달, 새벽의 어머니
- – 포이베: 달과 예언의 여신. 델포이 신탁과 관련됨
- – 므네모시네: 기억의 여신. 뮤즈들의 어머니
- – 테미스: 정의와 질서의 여신. 신들의 법과 규칙을 관장함

* 크로노스를 중심으로 한 티탄족은 제우스가 반란(티타노마키아)을 일으키자, 대부분 그의 편에 서서 싸웠다. 결국 패배한 티탄들은 타르타로스에 감금되었다. 이 티탄 신들은 자연의 원리와 우주의 질서를 상징하며, 후대 신들의 기반이 되었다. 이외에도 티틴신 2세대와 3세대 그리고 기간테스 같은 신적 존재도 있었다. 특히 스틱스는 제우스에게 충성을 맹세한 최초의 티탄으로, 그녀의 이름을 딴 강은 신들의 맹세 장소로 사용된다.

크로노스*, 모든 시작과 끝에서

대지 가이아의 깊은 심연에서
하늘 우라노스는 밤마다 자손들을 감금했네

빛을 보지 못한 티탄들은 어둠 속에 살았고
고통은 가이아의 뼛속까지 스며들었네
그녀는 칼을 만들고 복수의 씨앗을 심었으니
크로노스, 막내의 눈은 번개보다 날카로웠다

가이아의 손이 건넨 섬광의 낫
형제들이 숨죽이는 그 밤
크로노스는 우라노스의 몸을 가르며
하늘의 피를 땅에 쏟게 했다

복수는 완성되었으나
대지와 하늘은 갈라지고 상처는 남았네

---

*   Cronus, 시간의 신, 티탄족의 왕, 제우스의 아버지

절단된 아버지의 피는

에리니에스**와 기간테스를 낳고

거품에서 아프로디테가 피어났으니

부자상쟁이 새로운 신화를 잉태했도다

세상은 이제 더 이상 하나가 아니었고

질서는 혼돈 속에서 다시 태어났다

크로노스는 형제들을 이끌어

티탄의 왕좌에 올랐다

시간은 그의 이름으로 움직였고

대지는 그의 발아래 숨을 죽였네

"너의 자식 중 하나가 너를 멸하리라"

운명의 말은 밤마다 그의 귀를 찔렀다

그는 사랑보다 공포를 택했고

아이들이 태어나자마자 삼켜 버렸네

레아의 눈물은 바위가 되어

** Erinyes, 복수의 여신

운명을 따르는 모정이 되었네

바위는 삼켜졌고, 아이는 숨겨졌네
크레타의 동굴, 요정의 팔 안에서
제우스는 조용히 자라났네

그는 아버지의 심장을 노리는 번개요,
예언의 심판이 칼날로 빚어진 사내였다

제우스는 형제자매를 토하게 하고
하늘과 땅은 다시 전율했네

티탄들과의 전쟁, 타타노마키아는
십 년의 불꽃과 뇌명으로 가득했네
산과 바다가 찢기고, 대지의 숨결이 끊겼네

최후의 운명의 날
크로노스는 깊은 타르타로스에 갇혔네
왕관은 제우스에게로 넘어가고
세상은 올림포스의 시대를 맞이했네

그러나 패배한 자는 죽지 않았다—

그는 시간이 되었고, 시간은 그를 삼켰네

시간의 본질로 남은 존재
그의 눈은 여전히 모든 것의 위에서 감시하고
모든 시작과 끝에 이름을 남기네

사랑도 미움도 그의 흐름을 벗어나지 못하고
심지어 신들도 그를 거스를 수 없으니—
크로노스는 패배한 왕이 아니라
모든 것의 끝을 정하는 왕이로세

크로노스여, 삼키는 자여
아이를 삼키고, 세대를 삼키며
자신마저도 삼킨 자여
당신은 피로 제국을 세우고
예언 속 운명마저 받아들인 자로세

크로노스여, 무너진 왕좌 위에서조차
당신은 영원을 지배하고 있도다

강과 바다의 신화, 오케아노스*

창세 이전
어둠보다 먼저
그는 고요한 원의 형상으로 있었네

모든 육지는 그의 허리띠요
하늘마저 그의 파도 위에 잠들었네

그 물결은 말하지 않으나 모든 것을 품고
신들도, 인간도, 운명도 흐름을 거스를 수 없으니
오케아노스는 전쟁을 거부한 티탄
고요 속에서 세계를 순환시켰네

그의 딸들은 만 개의 강줄기요
그의 아내 테티스는 바다의 노래

그의 침묵 속에 생명이 잉태되고
그의 평화는 전쟁보다 깊은 힘이었네

---

* Oceanus, 태초의 물결, 강과 바다의 신

코이오스*와 별들의 질서

별들이 말하는 법을 처음 깨달은 자여—

하늘에 선을 긋고 질서를 새긴 그대
코이오스는 빛과 어둠의 경계 위에서
신들의 계보를 설계했네

그는 포이베와 함께 예언의 불꽃을 낳았고
그 불꽃은 레토를 통해 아폴론으로 이어졌네

시간 너머를 바라보는 님이여
눈먼 시대에도 지혜는 님을 기억하리라

침묵 속에서 진실을 돌처럼 세우고
신들의 말에도 쉽게 고개를 끄덕이지 않던 그대여

코이오스, 그 이름은
밤하늘 가장 오래된 별자리로 남았네

* Coeus, 천사의 지성, 천문학

생명의 불꽃, 히페리온*

그가 처음 눈을 떴을 때
하늘은 불타올랐고 어둠은 물러났네

히페리온은 태양의 기원이요,
광휘의 신화를 품은 불꽃이었네

그는 테이아를 사랑하여
헬리오스, 셀레네, 에오스를 낳으니

태양과 달 그리고 새벽이 하늘을 가로지르며
세상의 리듬을 만들었네

그대가 걷는 곳마다
밤은 물러나고 생명이 움트네

님의 황금 전차는
심장처럼 오늘도 숨 쉬고 있네

---

*　　Hyperion, 태양의 신

창조의 근원, 이아페토스[*]

신들의 무리 중 가장 인간에 가까운 자여—

그대는 불완전함을 사랑했으니
인간의 고통을 바라보며
창조를 허락한 유일한 티탄이었네

님의 아들 프로메테우스는 불을 훔쳤고
에피메테우스는 호기심을 풀었으며

아틀라스는 하늘을 짊어졌고
메노이티오스는 자만으로 번개를 맞았네

그렇게 님은 인간의 그림자를 만들고
하늘의 별 아래 인간의 존재를 새겼네

---

[*] Iapetus, 필멸의 아버지, 운명의 신

님이여!
그대의 반항은 창조의 근원이고
당신의 피는 지금도 우리 안에 흐르네

레아*, 모든 어머니의 이름으로

밤하늘을 이불 삼고
생명을 품은 대지의 따스함이었네

사랑은 두려움보다 강하다는 걸
자식의 숨결로 증명한 신이었네

남편의 탐욕이 자식들을 삼켜도
그녀는 울지 않고 바위를 안겼네

제우스를 품은 크레타의 밤
그녀는 세계의 희망을 구워 낸 모성이었네

시간조차 그녀를 삼키지 못하니
레아는 모든 어머니의 이름으로 남고

이제 하늘을 가른 천둥의 시대가

* Rhea, 대지와 모성의 여신, 크로노스의 아내, 제우스의 어머니

당신의 눈물에서 피어났음을

우리 모두 뒤늦게 알았노니,

진정한 전쟁은 어머니의 품에서 시작되었네

테티스*의 가장 오래 흐르는 노래

님은
소금 내음 가득한 푸른 마음으로
항상 오케아노스 곁에 있었네

세상의 모든 강줄기를 낳고
그 물길로 생명을 길렀네

파도는 그대의 자식이요
조류는 당신의 숨결이었네

그녀는 티탄들의 전쟁 속에서도
고요함으로 대답한 깊은 심연이었네

님이여, 당신의 침묵은
가장 오래 흐르는 노래였네

*   Tethys, 바다의 인내, 오케아노스의 아내

포이베*, 예언의 입술로

어두운 시대, 한 줄기 불빛처럼
그대는 예언의 입술을 열었네

님의 말은 들불처럼 번졌고
운명은 당신의 혀끝에서 떨었네

델포이의 원초적 불길은
님에게서 시작된 숨결이었네

그대는 질문이 되기도 하고
신들조차 묻는 존재였네

말없이 타오르는 불처럼
당신은 진실을 침묵으로
이 세상을 안았네

---

* Phoebe, 달의 여신, 신탁의 불꽃, 예언과 지혜의 여신

테이아*와 빛의 기원

히페리온을 사랑한 님이여
하늘빛 금사를 짜내어
그대는 광명을 자식으로 낳았네

태양과 달, 새벽은 당신의 자궁에서 솟았고
세상은 그대로 인해 눈을 떴네

빛이란 보는 것만이 아니기에
내면의 통찰로 세상을 밝혔네

당신은 모든 색의 원천이며
모든 시선의 근원이 되었다네

님의 이름은
부드럽게 속삭이지만
그 속엔 찬란한 세계의 출발점이 숨어 있네

---

*   Theia, 광휘의 여신, 히페리온의 아내

법과 정의의 뿌리, 테미스[*]

바람도 숨죽이는 재판정에
눈을 가린 여신이 앉아 있었네

저울은 흔들리지 않고
진실은 님의 입술에서 꽃피웠네

신들의 의회를 세우고
법과 정의의 뿌리를 땅에 심었네

말보다 조용한 시선으로,
세계를 균형 위에 놓았네

테미스여, 정의가 흔들릴 때마다
당신의 무게가 우리를 바로 세우네

---

[*]   Themis, 정의 질서의 여신

므네모시네*의 기억의 노래

바람이 불면 노래하는 님이여—

잊힌 이야기들을 다시 불러내고
시간에 묻힌 영혼의 흔적을
별빛 위에 되살리는 여신이여—

열 명의 뮤즈를 낳고
예술과 진리의 물길을 열었네

시인들의 꿈은
그대의 속삭임에서 시작되고

기억의 강은
님의 영혼을 타고 흐르네

므네모시네여, 당신이 없다면

---

*   Mnemosyne, 기억의 여신, 뮤즈들의 어머니

우린 과거도 미래도 잃은 채
텅 빈 존재일 뿐이네

헬리오스*, 태양을 띄우다

금빛 채찍을 휘두르는 헬리오스여―

하늘을
황금 수레로 달리며
태양을 매일 새로이 띄웠네

눈부심 속에
모든 그림자를 이끌고
모든 광휘의 정점이었네

님은
모든 것을 보았고
숨겨진 것도 드러냈네

진실은
당신의 시선 아래
결코 가려질 수 없었네

* Helios, 태양신, 히페리온과 테이아의 아들

셀레네*, 달빛으로 엮은 사랑의 숨결

은빛 드레스를 걸친
밤의 공주여—

하늘을
조용히 미끄러지며

달빛을 씨줄 삼아
꿈과 낭만의 길을 엮었네

엔디미온의 잠든 눈꺼풀 위로
그대는
입맞춤을 남기며 지나갔네

님은 여신이 아니요
사랑의 숨결
그 자체였네

* Selene, 달의 여신, 히페리온과 테이아의 딸

첫 빛이 세상을 깨울 때, 에오스*

새벽의 발소리 조용히
장밋빛 손가락으로
어둠을 걷어 내는 여신이여—

별들을 하나하나 잠재우며
태양이 뜰 준비를 알렸다

그녀의 사랑은 인간을 넘어
풍경과 시간에까지 닿았고

첫 빛이 세상을 깨울 때
그대는 늘
가장 먼저 깨어 있었네

---

* Eos, 새벽의 여신, 히페리온과 테이아의 딸

거대한 지주, 아틀라스*

반역의 전쟁 뒤에
아틀라스는 패배의 벌로
하늘을 두 어깨에 짊어졌네

그 무게는 제우스의 분노만큼이나 무거웠네
그러나 울지도 쓰러지지도 않았네

세상의 경계에서 침묵으로 버티며
밤마다 별들을 올려 보냈고

그 어깨 위에
은하수가 흐르기 시작했네

그대는 패배자가 아니오
세계의 균형을
떠받치는 거대한 지주라네

*   Atlas, 하늘을 떠받치는 신, 이아페토스의 아들

신이지만 인간을 사랑한 프로메테우스*

티탄의 피를 이어받았으되
올림포스의 질서에 눈을 돌렸네

프로메테우스, 미리 보는 자여
그대의 눈에는 미래의 불이 타올랐네

신들의 연회에서 인간은 없었네
흙과 물로 빚어진 자들
어리석고 약한 그들을 위해
당신은 불을 훔치기로 결심하였네

올림푸스의 심장에서
불꽃 하나를 몰래 꺼내어
갈대의 속에 감추어
님은 인간의 손에 건넸네

* Prometheus, 선각자, 인간에게 불, 이아페토스의 아들

그 순간부터 밤은 물러갔고
인간은 별을 따라 집을 짓고
망치를 두드리고 노래를 읊으며
우리만의 문명을 일구기 시작했네

그러나 제우스는 진노하였고
신의 영역을 침범한 자에게
영원한 형벌을 내리며
그를 캅카스의 바위에 묶었네

매일 독수리가 날아와
간을 뜯어먹었으나
밤이면 다시 재생된 그것은
다시 고통의 순환을 시작했네

그 고통을 침묵으로 견디며
인간의 언어와 불빛 속에
자신의 이름이 살아남기를
한순간도 의심치 않았네

"나는 신이지만 인간을 사랑했다
나는 질서를 거슬렀으나,

사랑은 언제나 반역 속에 피어난다"

그의 심장은 돌보다 더 단단했네

천 년 후
헤라클레스가 나타나
그 쇠사슬을 끊어 주기 전까지
그는 고통을 견디며 기다렸고
자유는 결국 그의 이름을 기억했네

프로메테우스, 불의 조율자여,
그대는 고통 속에서도 창조를 택했으며
신의 분노보다
인간의 가능성을 믿었네

님의 불꽃은 오늘도 생각을 밝히고
온 세상을 밝히네

에피메테우스*, 운명과 선택 앞에서

형은 앞을 내다보며 신의 불을 훔쳤다
나는 뒤를 돌아보며 세상을 품었고
우리 형제는 신들의 틈새에 놓인
운명과 선택의 두 갈래였다

나는 천진한 마음으로 선물을 받았다
신들이 보낸 여인, 판도라를

그 눈은 별빛 같았고
그 목소리는 바람처럼 유혹했다

형의 경고는 메아리처럼 사라졌고
내 마음엔 의심보다 갈망이 일렁였다

나는 열쇠를 찾지 못한 문처럼
운명을 향해 문을 활짝 열어 주었다

---

* Epimetheus, 후각자, 판도라의 남편, 선각자의 동생

항아리, 그 도자기 하나가
세상의 고통을 풀어놓았고
질병과 탐욕, 슬픔과 전쟁이
인류의 품에 파도처럼 밀려들었다

나는 무너진 세상을 바라보며
형의 침묵 속 고통을 이해했다

그러나 항아리의 바닥 한구석
무엇 하나가 남아 있는 것을 보았다

나는 어리석었고, 그러나 인간과 닮았다
사랑했고, 실수했고, 후회했으나
그 희망 하나만큼은 놓지 않았다

그래서 나는
여전히
인간 곁에 머문다

레토*, 생명을 품는 별이 되다

아폴론과 아르테미스의 어머니여
그러나 그대는 그늘 아래 숨어들었네

헤라의 질투가 하늘을 막아도
산고를 삼키고 버텨 냈네

델로스섬
흔들리는 그 땅 위에서
빛과 사냥의 쌍둥이를 낳을 때

님의 인내는 신화가 되었고
고통은 생명을 품는 별이 되었네

세상은
님에게 피난처를 주지 않았지만

신들은
그대 안에서 새로이 태어났네

---

* Leto, 아폴론과 아르테미스의 어머니, 코이오스와 포이베의 딸

아스테리아*, 밤을 따라 흐르다

밤하늘이 흔들릴 때
그대는 별똥으로 떨어졌네

추격자의 욕망을 뿌리치고
바다 위를 날아 돌로 변한 별이여—

당신은 달빛과 예언의 선율이었고
딸 레토에게 그 은하를 물려주었네

심연 속에서도 사라지지 않는
별빛은 그대의 이름을 부르고

세상은 님을 잡으려 했지만
그대는 밤을 따라 자유롭게 흘렀네

*   Asteria, 별의 여신, 코이오스와 포이베의 딸

티타노마키아
– 천상과 지하를 가른 신들의 전쟁, 그 마지막 불꽃

하늘은 피를 머금고 울부짖었고
대지는 그 울음 아래 몸을 떨었다

태초의 자식들, 빛과 어둠은
운명의 결전에서 서로를 삼키려 했다

올림포스의 세 형제, 제우스 포세이돈 하데스는
티탄의 무리를 향해 운명을 던졌고
우라노스의 저주를 짊어진 이들 간에
세상은 다시 갈라지기 시작했다

크로노스는 낫을 들고 앞장섰고
이아페토스와 하이페리온은 뒤를 따랐다
그들의 분노는 하늘을 찢었고
별들도 공포에 흐려졌다

하데스는 그림자의 투구를 쓰고
티탄들의 배후를 덮쳤고

포세이돈은 대양을 들이쳐
산맥과 요새를 쓸어내렸다

제우스는 번개의 활을 쏘았고
열두 하늘을 가르는 천둥이
티탄의 군세를 뚫고 내려
대지를 태우며 진군하였다

티탄의 여신들조차 공포에 물들고
레아는 눈물 속에 제우스를 지켜보았다

한때의 남편과 새 시대의 아들이
운명을 두고 칼끝을 마주했다

거인족 헥카톤케이레스와 키클롭스도
올림포스 편에 무기를 들고
태초의 심연을 흔들며
티탄의 사슬을 끊어 냈다

열흘이 지나도, 열 해가 지나도
전장은 끓는 피로 적셔졌고
산은 무너지고 강은 말랐으며

시간마저 그 흐름을 잃었다

마침내 제우스의 마지막 천둥이
크로노스의 심장을 찢었을 때
전쟁의 불은 꺼지고,
침묵이 대지를 덮었다

패한 티탄들은 구속되어
테르타로스의 심연 아래로 떨어지고

그 위엔 철문과 불길로
끝없는 어둠이 닫혔다

그리고 신들은 서로를 바라보며
이제는 왕이 된 제우스의 눈빛 속에서
희생의 상흔과 정의의 무게를
모두가 느꼈다

이제 올림포스의 시대가 열렸고
질서는 혼돈 위에 새로 세워졌다

그 누구도 잊지 못하리니—
모든 시작엔 피가 흐른다는 것을

기간토마키아
- 신과 거인의 전쟁

가이아의 분노가 땅을 흔들고
기간테스는 어둠 속에서 태어났네
티탄의 몰락에 복수의 불꽃이 타올라
올림포스를 향한 전쟁이 시작되었지

하늘은 검게 물들고 천둥이 울렸고
제우스는 번개를 움켜쥐었네
거인들은 산을 던지고 불을 토하며
신들의 왕좌를 무너뜨리려 했지

아테나는 방패를 들고 전장에 나섰고
포세이돈은 삼지창으로 땅을 가르며
헤라와 아르테미스, 아레스까지
신들의 군세가 하늘을 뒤덮었네

그러나 예언은 하나의 열쇠를 말했지
"신들만으로는 승리할 수 없으리라"
필멸의 피를 지닌 자, 영웅이 필요했으니

그 이름은 바로 헤라클레스였네

그는 활을 들고 전장에 나타났고
화살은 별처럼 거인을 꿰뚫었네
알퀴오네우스는 땅에서 불사였으나
헤라클레스가 그를 끌어내어 쓰러뜨렸지

포르피리온은 제우스를 향해 달려들었고
헤라를 욕보이려 했으나
제우스의 번개와 헤라클레스의 화살이
그를 하늘에서 산산이 부쉈네

거인들은 하나둘 무너졌고
신들의 함성은 하늘을 찢었네
헤라클레스는 인간이었지만
그의 용기는 신들보다 빛났지

전쟁은 끝났고, 대지는 다시 고요해졌네
기간테스는 타르타로스에 묻혔고
올림포스는 질서를 되찾았으며
신과 인간의 연대는 전설이 되었지

제우스는 헤라클레스를 불러 세우고
그의 활약을 신들 앞에 칭송했네
"너는 필멸자이지만, 영원히 기억되리라"
그리하여 그는 별이 되어 올랐지

기간토마키아— 혼돈과 질서의 싸움
신화는 단지 과거가 아니었네
그 속엔 인간의 용기와 선택이 있었고
그 불씨는 오늘도 우리 안에 살아 있네

미의 여신 아프로디테와 전쟁의 신 아레스의 사랑 여행

제3장

올림푸스 신 세대

3세대 제우스 시대

제우스와 헤라, 왼쪽 위부터 아레스, 헤베, 헤파이토스, 오른쪽 위부터 아폴론, 아르미테스, 아테나, 헤르메스

들어가기 전에

■ 올림푸스 12신의 역할

올림푸스 12신은 그리스 신화에서 올림푸스산에 거주하며 신과 인간의 세계를 다스리는 주요 신들을 말한다.

- 제우스(Zeus, 주피터): 신들의 왕, 하늘과 번개의 신
- 헤라(Hera, 주노): 결혼과 가정의 여신, 제우스의 아내
- 포세이돈(Poseidon, 넵튠): 바다와 지진의 신
- 데메테르(Demeter, 세레스): 농업과 풍요의 여신
- 아테나(Athena, 미네르바): 지혜와 전쟁의 여신
- 아폴론(Apollo, 아폴로): 태양, 예언, 음악의 신
- 아르테미스(Artemis, 다이아나): 달과 사냥의 여신
- 아레스(Ares, 마르스): 전쟁과 폭력의 신
- 아프로디테(Aphrodite, 비너스): 사랑과 미의 여신
- 헤르메스(Hermes, 메르쿠리우스): 신들의 전령, 여행과 상업의 신
- 헤파이스토스(Hephaestus, 불카누스): 대장장이와 불의 신
- 디오니소스(Dionysus, 바쿠스): 포도주와 축제의 신

  〈혹은 헤스티아(베스타)로 대체되기도 함〉

* 괄호 안의 한글 표기는 로마 신화의 명칭임.

올림푸스의 서광

거센 전쟁 뒤의 고요가 흐르고
서광은 미티카스 봉우리 위에 내려앉았다
티탄의 시대가 가고
새로운 빛이 올림포스에 첫 아침이 깃들었다

제우스는 하늘의 정상에 서고
주신의 자리를 받기 위해
모든 신들과 자연의 정령들이
그 앞에 무릎을 꿇었다

하데스는 죽음의 맹세를 다지고
포세이돈은 바다의 통치권을 받아
삼 형제는 서로를 끌어안으며
운명의 분할을 선언했다

아테나는 번뜩이는 지혜를 품었고
아폴론은 찬란한 음악과 예언으로
아르테미스는 고요한 달빛으로

제국의 수호를 노래하였다

헤라는 여왕의 관을 쓰고
결혼과 가정의 질서를 세우고
데메테르는 풍요의 땅을 일구며
인류의 굶주림을 달래었다

아프로디테는 사랑의 미소를 띠며
새 시대에 향기를 불어넣고
헤파이스토스는 불꽃을 다듬어
신들의 성을 다시 지었다

헤르메스는 날개 달린 구두로
천상과 지상을 잇는 다리가 되어
올림포스의 말과 뜻을
세상 끝까지 전하였다

모든 신들이 서약하듯
제우스의 천둥 아래 서고
질서와 법, 그리고 정의의 이름으로
새로운 헌정이 울려 퍼졌다

모이라이 세 자매는 실을 잡고
운명의 물레를 다시 돌렸으며
호라이 자매는 사계절을 열어
시간의 순환을 시작했다

이윽고 인간의 시대도 함께 열리고
불은 프로메테우스를 거쳐 내려오고
희망은 판도라의 손에 들려
고난 속에서도 빛을 지키게 되었다

신들과 인간, 하늘과 땅이
서로를 조율하며 맞물리고
올림푸스는 그 정점에서
우주의 심장을 다시 뛰게 했다

이날을 우리는 기억하리라
전쟁 끝의 축복, 대관식의 광휘
모든 질서는 한 번의 선택에서
모든 전설은 하늘의 즉위에서 시작되었다

아, 서광은 멈추지 않으리라
그것은 지금도 우리 속에 퍼져

법이 되고, 시가 되고, 신념이 되어
모든 시대의 하늘을 물들이리라

신들의 군주, 제우스*

제우스여, 천상의 군주여

창공이 갈라지고 번개가 울리고
티타노마키아의 전쟁이 불타오를 때
대지의 깊은 곳에서 신들이 외치니
운명의 칼날을 들었도다

크로노스의 눈길 피해 자란 아이여
형제들과 함께 하늘을 찢으며 일어나
묶였던 운명을 풀어 던지고,
세상의 새로운 질서를 쓰노라

천둥은 그대의 목소리가 되고
번개는 그대의 심장이 되었다

적들을 향해 쏟아지는 황금빛 불꽃

---

*　　Zeus, 주피터, 신들의 왕

올림푸스의 왕좌를 선포하도다

티탄들이 쓰러지고 시간은 돌며
당신의 손길 아래 세계가 정돈되고
신들의 왕이여, 새 시대를 열며
세상은 그 이름을 노래하도다

바람은 님의 숨결을 따라 춤추며
강물은 님의 발자국을 따르고
천상의 왕이여, 올림푸스의 정수
모든 존재가 님의 빛을 경배하도다

황금빛 번개가 어둠을 가르며
운명의 서사 속에 새로운 장을 쓰고
님이여, 정의와 힘을 함께 품고
세상 위에 군림하는 신들의 왕이여

올림푸스의 정상에서 거친 숨을 쉬며
강철 같은 의지로 신들을 다스리도다
영원한 존재여, 광채로 빛나는 왕좌
님 앞에 모든 자가 머리를 숙인다

그러나 자유로운 바람이 그대를 부르니
달빛 아래 사랑을 속삭이도다
신들의 군주이자 정력의 화신
세상의 모든 여신, 여인을 탐하였다

헤라여, 가정의 여신이여
그대의 눈물조차 제우스를 묶지 못하리
번개보다 빠른 그의 바람기
올림푸스의 산마저 그를 붙잡지 못한다

운명은 그를 유혹하고
그는 새로운 신화를 새겨 넣도다
신과 인간을 모두 사랑하는 자여
그의 이름은 영원히 속삭이도다

폭풍의 심장과 유혹의 미소를 함께 품고
그의 존재는 저 하늘 높이 빛나도다
제우스여, 왕이자 방랑자여
그의 사랑은 바람을 따라 흐르도다

그러나 그의 힘은 흔들리지 않으며
세계의 중심에서 운명을 다스린다

신들의 질서를 세우고 정의를 펼치며
그의 번개가 모든 어둠을 가르리라

강철의 의지로 세상을 통솔하며
천상의 운명을 새롭게 쓰도다
제우스여, 황금빛 서사시로
그대의 이름이 영원히 새겨지리

올림푸스의 왕좌는 굳건히 서고
바람은 님의 이야기로 춤추도다

불멸의 존재여, 신들의 군주여
모든 세대가 님을 찬양하리라

태양 아래서 빛나는 손길 속에
신들의 세계는 조화를 이루고
제우스여, 번개의 권위 속에서
님의 영광이 천상의 정점에 닿으리라

올림푸스여, 님의 왕국이여
영원의 빛 속에서 빛나는 이름이여

제우스여, 불멸의 신화가 되어
운명의 끝에서도
님은 영원히 군림하리라

불멸의 왕후, 헤라*

헤라여, 가정의 수호자여

올림푸스 정상에 굳건히 서서
결혼과 가정을 품은 신성한 여신이여
제우스의 곁에서 왕후의 자리를 지키며
불멸의 질서를 세상 속에 새기네

천상의 정원을 가꾸는 손길처럼
그대의 존재는 평온을 선사하네
모든 배우자들에게 충실을 약속하고
가정을 감싸는 부드러운 힘이로세

창공 위를 가로지르는 공작새의 깃털 아래
헤라는 고요히 걸으며
그 걸음마다 꽃이 피고
바람조차 숨을 죽였네

* Hera, 주노, 신들의 여왕

그러나 번개가 저 멀리 흐르며
그의 발걸음이 또다시 떠나가네

헤라여, 분노와 슬픔을 안고
배신 속에서 애타는 마음을 삼키네

신들의 왕이여, 방랑자여
그대의 바람은 끝없이 흐르네
그러나 헤라는 흔들리지 않고
질투의 눈빛 속에 결혼의 맹세를 새기네

하늘을 가르며 신들의 노래가 흐르고
그녀의 심장은 한결같은 의지를 품네
제우스의 바람이 불어도
헤라는 여전히 왕후의 자리에서 빛나네

그녀의 손길 속에서 가정은 보호받고
어머니의 품처럼 신성한 울림이 흐르네
서약의 무게를 지닌 여신이여
그대의 이름은 영원히 불리우리라

별빛 아래에서 속삭이는 서러움이여
그러나 그녀는 굴하지 않네
신들의 왕비로서 세상을 다스리며,
질서와 정의를 바람 속에 새기리라

헤라여, 결혼의 여신이여
그대의 이름은 불멸의 힘이 되리라
배신이 찾아와도 사랑은 흔들리지 않고,
그대는 영원한 왕후이리라

하데스*와 페세네포네
— 저승과 봄의 신화

형제 셋이 운명을 나누던 날
한 자루 주사위가
모든 세계의 경계를 갈랐도다

하늘은 제우스, 바다는 포세이돈
그리고 하데스는 침묵을 받았다

저 깊고 검은 대지 아래
살아 있는 자의 발걸음 닿지 않는 곳에
그는 뼈와 그림자, 기억과 망각을
왕관처럼 이마에 얹고
조용히 군림하였다

저승의 강은 네 줄기고
스틱스의 맹세는 신들의 법이 되었으며
그는 심판관을 두고

---

*　　Hades, 플루토, 어둠의 군주

죽은 자의 영혼들을 분류케 하였다

정의로운 자는 평온으로,
악한 자는 불구덩이로!

케르베로스는 그의 문지기
눈 세 개 달린 짐승이고

하데스는 그 눈보다 더 깊은 어둠 속에서
모든 혼을 조용히 맞이하였다
그 어떤 무기도 그를 위협할 수 없었다

그러나 사랑은 그조차도 어쩔 수 없어
봄의 여신 페르세포네를
꽃 속에서 납치하여
저승의 여왕으로 만들었도다
그의 세계에도 봄이 필요했었나

데메테르의 눈물은
세상을 메마르게 만들었고
제우스의 조정 끝에
페르세포네는 반년은 땅 위,

반년은 지하에 살게 되었다

이로써 사계는 돌기 시작했고
죽음은 끝이 아닌 순환이 되었으며
하데스는 단죄보다
조율을 아는 자가 되었다
그의 세계는 경계와 규율의 왕국이었다

오르페우스는 그 앞에서 노래했고
하데스는 한 번만 기회를 주었지만
뒤돌아보는 인간의 숙명은
그조차 구원할 수 없었기에
그는 다시 입을 다물었다

금보다 귀한 것은 침묵이며
힘보다 강한 것은 질서이니
하데스는 말없이 세계를 지탱했다

보이지 않는 자, 그러나
가장 중심에 있는 자

그러므로 그를 두려워하되 존중하라

그는 끝이 아닌

순환의 입구, 생과 사의 관문이니

검은 왕관 아래 잠든 그 자를

허투루 부르지 말지어다

포세이돈*, 끝없는 심해를 품다

가이아의 심연에서 터져 나온
거센 숨결, 넘실대는 파도의 분노—

그는 대지의 틈마다 물줄기를 불러
세계의 경계를 정한 자
바다의 왕, 포세이돈이시다

티탄을 물리친 후에
세 형제는 주사위를 던져
하데스는 저승을, 제우스는 하늘을
그리고 그는
끝없는 심해를 품었다

삼지창은 번개보다 묵직하게 울렸고
바다는 그의 한숨에 포말을 뿜으니
그가 분노할 때마다

*   Poseidon, 넵튠, 바다의 신

암초는 솟고, 섬은 침몰했다

일곱 바다를 지나
그는 인간의 도시를 훑고
해마의 수레를 타고
파도 위를 질주했다
그의 경로마다 전설이 생겼다

트로이의 성벽도 그의 손에서 나왔고
아테네와의 싸움에서 소금 샘을 뿌렸지만
올리브나무 앞에선 패배를 삼켰다

아테네는 파르테논이 건설되고
철학 도시가 되었다

바다의 신이지만,
분노도 사랑도 인간과 닮아
메두사를 변형시키고
오디세우스를 십 년간 헤매게 했다

그는 신이지만
질투하며, 다투며, 욕망했다

그의 바다는 맑고 푸르되
그 속에는 회오리치는
질감 많은 감정들이 출렁였다

아무도 그를 완전히 다 알지 못하리니
그의 깊이는 끝이 없고
파도마다 다른 얼굴을 가졌으며
신들의 왕조 속에서도
그는 변덕의 신으로 남았다

그러나 바다를 거스르는 자는
결국 물결 아래 잠겼고
제우스조차 삼지창의 울림 앞에
머리를 돌렸으니
포세이돈은 진정 거스를 수 없는 이였다

그 이름을 부를 땐 조심하고 조심하라—
그는 아직도 깊은 물속에서
삼지창을 꼬나들고
누군가의 교만을 기다리고 있으니…

아테나*, 그대의 이름은 지혜의 빛

아테나, 지혜의 여신이여
그대의 이름은 이성과 철학이 떠오르고
올림푸스의 위대한 여신이여
당신의 눈빛은 세상을 비추네

님은 신들의 회의에서
늘 침묵을 지키나
말 한마디는
천하를 바꾸고, 세상을 구했네

님은 제우스의 머리에서 태어나
강한 비바람, 거센 파도 속에서
뛰어난 능력과 지혜로 가득 찼네

청동 투구를 쓴 그대여
지혜와 전쟁, 예술과 법의 수호자여

*   Athena, 미네르바, 지혜와 전쟁의 여신

눈빛엔 별들이 춤추고
손에는 방패와 창이 들렸네

그대는 전략의 여신
어떤 전쟁도 당신의 지혜 앞에서는
이길 수 없고
님의 지혜는 전쟁을 막고
늘 승리로 이끌었네

그러나 싸움을 즐기지 않으니
전쟁의 신 아레스와는 달라
그대는 평화를 원했고
그대이 길은 이성을 따라갔네

님은 아테네의 수호신이고
도시를 보호하고 지켜
그대의 이름은 도시의 발전과 함께
영원히 새겨졌네

아테나여, 그대의 이름은
지혜의 빛
그 빛은 어두운 세상을 밝혀 주네

님의 가르침은 세상의 이치이고

그대의 마음은 언제나 지혜로 가득하네

그대는 아킬레스를 도왔고 그의 길을 인도했네

그대는 올림푸스의 위대한 여신

님의 이름은 세상 끝까지 울려 퍼지네

아폴론*이 부르는 영혼의 숨결

올림푸스 높은 봉우리
빛나는 이마를 가진 신이여

태양을 등에 지고, 리라를 들고
아폴론, 황금의 사자는
새벽을 부른다

레토의 아들, 델로스의 기적
어머니의 고통을 품고
그대는 신성한 섬에 태어났나니
그 울음마저 리라의 첫 음이었도다

피톤을 쓰러뜨린 청년
용맹은 칼이 아니요
음표처럼 솟구치는 화살이었도다

---

*   Apollo, 아폴로, 빛과 음악과 예언의 신

악과 거짓을 꿰뚫은 정의의 빛이여!

델피의 신탁을 품은 그대
신성한 언덕 위에
사람들은 무릎 꿇고 묻노라
운명의 실타래를 어디로 이끌까

그대는 리라를 타며 노래한다
바다의 숨결, 숲의 떨림
하늘의 눈빛을 노래한다

아폴론, 시의 아버지여!

사랑에 눈물 흘린 신이여
다프네를 향한 애끓는 마음
월계수로 바뀐 연인을 안고
그는 가만히 노래를 멈추었도다

그러나 슬픔도 빛을 만들었다
아폴론의 리라는
그리움 속에서 더욱 투명히 울려
세상의 상처를 감쌌도다

말을 부리는 자, 병을 다스리는 자
음유시인들의 친구여
태양보다 뜨겁고
달빛보다 부드러운
영원한 청춘, 아폴론이여—

오늘도 들린다
산들바람 속 리라의 떨림
그것은 아폴론이 부르는
우리 영혼의 숨결이라

님의 이름 아래
진실과 아름다움은 늘 춤춘다

아폴론— 태양의 화살,
세상의 심장에 닿는 노래여!

어둠과 빛 사이를 걷는 자, 아르테미스*

나는 말하지 않네
달빛을 걷는 동안
내 발끝은 언제나 조용하고
내 마음은 짙은 숲이었네

사람들은 나를 두려워하네
순결을, 고독을, 자유를
그들은 이해하지 못하네
나는 웃지 않았네

오빠는 햇살을 들고 달리지만
나는 달빛을 어루만지네
햇살은 따뜻하지만
달빛은 더 깊고 은은하네

사슴이 나를 따르고

* Artemis, 다이아나, 달과 순결의 여신

바람이 나를 부르네
나는 활을 쥐고
달아나는 어둠을 겨누네

악티온, 너는 몰랐지
순결은 침묵이 아니라
폭풍이라는 걸
너는 사슴이 되어 사라졌네

나는 누구의 신부도 되지 않네
숲이 나의 집이고
별이 나의 친구라네
그 누구의 이름도 부르지 않네

때로는 슬펐네
태어날 때부터 알았네
나의 길은 고독이라는 것을
하지만 나는 걸었네

나는 아르테미스
어둠과 빛 사이를 걷는 자
순결을 사랑했지만

고독을 더 사랑했네

달이 지고 숲이 잠들 때
나의 화살만이 밤을 가르네

그리고 다시, 나는 조용히
달빛을 품고 걷는다네

나를 아는 이는 없지만
나는 영원히, 숲에 있다네

아프로디테*, 모든 사랑의 시작이자 끝

나는 바다에서 태어났어
어떤 어머니의 딸도 아닌
그냥, 거품으로 솟아올랐지
사랑이라는 이름으로

처음 눈을 떴을 때
세상이 나를 원했어
빛도, 향기도, 손끝의 떨림도
모두 나를 가리켰지

내 입술은 전쟁을 멈추게 했고
내 눈빛은 도시를 불태웠어
나는 칼도 들지 않았지만
그 누구보다 많은 상처를 주었지

헤파이토스, 그는 나의 배우자라지만

* Aphrodite, 비너스, 미의 여신

나는 누구의 소유도 아니었어
아레스, 그는 나의 욕망이었지만
나의 전부는 아니었지

나는 아름다웠어
그래서 선택받았고
그래서 질투를 받았고
그래서 내쳐졌지

황금 사과 하나에 세상이 흔들렸고
헬레네의 미소 뒤에
나의 그림자가 있었지
전쟁은 사랑의 또 다른 얼굴이었어

에로스는 나의 아들이었고
그의 화살은 나조차도 아프게 했지

사랑은 늘 달콤하면서도 아리었고
나는 그 모순을 껴안았어

사람들은 나를 애모했지만
그들이 원한 건

사랑이 아니라 소유였어
나는 그 사실이 슬펐어

나는 미소 지었지만
내 심장은 바다였어
깊고, 차고, 알 수 없는
무언가로 흔들렸지

나는 아프로디테
모든 사랑의 시작이자 끝

지금도 누군가의 입맞춤 속에서
나는 다시 태어나고 있어
아니, 그런 꿈속에 살고 있어

차가운 불꽃에 단단히 새겨진 이름, 헤파이토스*

나는 불을 쥐고 태어났다네
태어날 때부터 모두가 나를 미워했다네

내가 만드는 건 항상 차가운 것들
철과 금속, 기계의 노래

내 몸은 그저 상처였다네
신들의 눈엔 나를 미워할 이유가 없었지만
내 마음은 뜨겁게 불타고 있었다네
내 손끝에서 세상의 진귀한 것, 만들어졌다네

아프로디테, 그녀는 내 아내였다지만
사랑은 언제나 나와 멀리 있었다네
그녀의 눈빛 속엔
내가 아닌 다른 것을 바라보는 빛이 있었다네

---

* Hephaestus, 불카누스, 대장장이의 신

그래서 나는 일을 계속했다네
내 손끝에서 신들의 무기들이 태어났고
그것은 전쟁을 일으켰다네

내 작업장은 차가운 금속으로 가득 차 있었지
그곳에서 나는 결코 따뜻하지 않았지
그러나 그 금속은 나에게 전부였고
그곳에서 나는 의미를 찾았지

내가 만든 황금 방패는
전장의 왕자들을 보호했다네
그러나 나의 마음은
그 누구도 보호하지 못했다네

그녀는 나를 떠났지
나는 불을 쥐고 계속 일을 했지
내 금속은 전쟁을 끝내지 못했지만
나는 그 불꽃 속에서 살아갔다네

헤파이토스, 차가운 불꽃 속에서
내 이름은 단단하게 새겨졌다네

나는 언제나, 금속 속에 갇혀 있었지만
내 손끝에 불꽃은 영원히 타올랐다네

내가 만든 것은 무기와 기계
하지만 내 마음은
항상 사랑을 갈망했다네
그렇지만 내 사랑은
차가운 쇠처럼 언제나 멀리 있었다네

헤파이토스, 불꽃 속에서
그 이름은 여전히 살아 있다네

내가 만든 기계는
전쟁을 끝내지 못했다네
그래도 내 불은
아직도 타오르고 있다네

아레스*, 그의 전쟁은 끝나지 않았다

하늘과 땅이 떨리며
전장의 북소리가 울린다

아레스, 신들의 전쟁의 신이다
나의 이름은 죽음과 혼돈을 의미한다

나의 손끝에서 창이 빛나고
칼날은 나의 의지를 담고 있었다
나는 싸움을 즐기고
폭력 속에서 태어났다

사람들은 나를 두려워하며
나의 전쟁을 예견하며 떨었다
하지만 나는 그들을 향해 웃으며
피를 흘리고, 땅을 물들였다

*   Ares, 마르스, 전쟁의 신

나의 전쟁은 끝이 없었고
신들은 나를 피하려 했다
그러나 나는 쉬지 않고 싸우며
전쟁을 멈추지 않았다

나의 힘은 거대하고,
전장마다 무수한 시체로 가득 차 있었다
아레스, 그 이름은
모든 신들이 두려워하는 존재였다

하지만 나의 마음은 알 수 없었다
전쟁의 신이지만, 나는 사랑을 하고 싶었다
아프로디테, 사랑의 여신과 함께
나는 평화를 꿈꾸기도 했다

아, 내 사랑 아프로디테여—
그대와 나는
서로 다른 세상에서 태어났다

그대는 사랑의 여신,
나는 전쟁의 신
그렇지만 우리는 서로를 알았다

그러나 결국, 나의 길은 전쟁이었다
나의 손에 피 묻은 칼날이 떨어지고
나의 발자취는 불타는 땅으로 남았다
나의 전쟁은 끝나지 않았다

나의 이름은 영원히 전쟁과 함께한다
피를 흘리며, 땅을 덮으며
나의 길은 끝없이 이어진다
나는 싸우고, 싸운다, 끝없이 싸운다

전쟁의 신, 아레스로 태어나
나는 고요함과 평화를 모르고
전장의 불길 속에서 춤을 추며
영원히 전쟁의 신으로 남는다

데메테르*, 봄을 기다리는 마음이여

저는 데메테르
대지의 숨결, 황금벌판의 어머니

저의 손길로 들판은 익어 가지요
가이아의 정령이
다시 꽃피운 여신이라고 하지요

저는 매일 아침, 흙 속에 귀를 대고
자식들의 숨소리를 들어요

그 아이가 다시 돌아온다는 말을
저는 몇천 번이나 들었지만
계절이 믿음이 되기까지
얼마나 많은 겨울을 견뎌야 했을까요

페르세포네—

*   Demeter, 세레스, 농경과 대지의 여신

내 품에서 피어난 봄꽃 같은 아이
그 애가 지하로 끌려갔을 때
나는 세상의 빛을 꺼 버렸어요

사람들은 묻지요
왜 여신이 인간처럼 우느냐고요
나는 신이기 전에 어머니이고
어머니는 사랑에 약하잖아요

아무도 추수하지 않는 들판을 걸으며
저는 씨앗 하나하나에게 사과했어요
"내가 잠들게 했구나
너희도 아이를 기다려 봤니?"

그 아이가 돌아올 때
나는 미소 지었죠
꽃잎 하나가 내 손에 와닿을 때
나는 또다시 봄을 믿었어요

그러나 알지요
그 기쁨은 잠시란 걸
언젠가 다시 떠나야 하기에

나는 기쁠 때 더 많이 안아 줘요

사람들은 제게 기도하지요
풍년을, 넉넉함을

그런데 말이에요
진짜 풍요는 사랑하는 이를
다시 만나는 일이니까요

저는 매년 봄마다
다시 살아나는 여자랍니다
페르세포네가 돌아올 때
나도 나로 돌아가지요

그래, 나는 데메테르
그리움으로 들판을 돌보고
기다림으로 씨앗을 키워
사랑은 기다림이고
계절은 그 증거랍니다

푸른 웃음 푸른 설움이 어우러진 사이로
다리를 절어서라도 걷고 싶다는

상화 님**의 그 봄을
모란이 피는 봄을 기다리고 있다는
영랑 님***과 함께
저도 페르세포네가 돌아올
봄을 기다리고 있답니다

** 시 〈빼앗긴 들에도 봄은 오는가〉를 쓴 이상화 시인.
*** 시 〈모란이 피기까지는〉을 쓴 김영랑 시인.

헤르메스*, 꿈결처럼 세상을 떠돌다

올림푸스는 잠든 밤
마야의 태에서 조용히 태어난 아이 하나
반나절도 지나지 않아
거북 껍질로 리라를 만들었고
신의 무리도 놀랄 재주를 보였도다

신들의 전령이요
말의 마술사이며, 길의 인도자여
그의 발엔 날개가 달려 있었고
지팡이엔 이중의 뱀이 얽혔나니—

첫 도둑질은 아폴론의 소 떼였고
첫 용서는 리라의 음악으로 받았나니
그 꾀는 누구도 당해 낼 수 없으며
그 미소는 언제나 한발 앞서 있었다

* Hermes, 메르쿠리우스, 신들의 전령

무역의 신, 상인의 수호자
여행자의 벗이요
죽은 자의 혼을 저승으로 이끄는
조용한 문지기였도다

전령이자 해석자여
제우스의 뜻을 신과 인간에게 전하는 자여
그의 목소리는 바람을 타고
꿈결처럼 세상을 떠돌았도다

제우스는 그를 신뢰하지
비밀을 항상 맡겼지
그런데 말이야, 비밀은 혼자만 알면 심심해
그래서 살짝살짝 흘리기도 했다네

감옥을 풀고 길을 여는 자여
혼돈 속에서도 질서를 안배하며
기회라는 이름의 문을
은밀히 열어 주었나니—

그의 눈엔 빛이 있었고
그의 손엔 재치가 있었으며

그의 걸음은 누구보다도 가벼웠도다

헤르메스여,
그대의 속삭임은 인간의 언어가 되고
그대의 발걸음은 문명의 길이 되었나니—

지혜는 칼이 아니라
미소로도 가능함을 보여 주었도다

그대는 신들의 뒷이야기를 알고 있었고
인간의 앞날을 그려 냈으니
우리는 늘 그대를 기다리고 있었도다

날개 달린 자여
당신이 열어 둔 여정 속에서
우리도 웃고, 속이며, 배우나니—

그 길이 곧 인간의 길이리라

디오니소스*와 와인 한 잔의 진실

나는 디오니소스, 제우스의 아들
세멜레의 태에서 번개와 함께 태어나
죽음의 경계를 넘어 다시 일어났다

네가 취할 때 사실은 나를 마시는 거야
나의 환희는 와인의 붉은 그림자
신전보다 더 깊은 술잔 속에서
진실은 고요히 넘쳐흐르도다

나는 말이야,
가면무도회에서
네 진짜 얼굴을 가장 먼저 알아보는 신이야

포도 한 알
그 속에 감춰진 네 열망을
나는 잔에 붓고, 입에 머금게 하지

* Dionysus, 바쿠스, 윙윙거리는 광기의 신

너희는 나를 광기라 부르지만
광기 없는 진실이 어디 있어
너희도 밤이면 진짜로 웃지 않니

나는 무너짐을 축복이라 믿어
울부짖음도 춤이 될 수 있어
슬픔도 환희로 바꿔 주지, 단 한 잔이면

나를 거부하는 자들,
그들은 결국 나에게 무릎 꿇었어
왜냐고?
나는 너희가 숨긴 감정의 신이니까

나는 정장을 벗기고
질서를 헝클어뜨리며
너의 영혼을 술기운에 풀어

그대여
울고 싶을 땐 웃어도 괜찮아
내 잔에선 모든 감정이 허용되니까

나는 디오니소스

파괴? 아니, 해방—

이성의 틈에서 태어난 진짜 신

춤추는 너희 안에 내가 있다는 것

잊진 않았지?

헤스티아*여, 삶의 모닥불이여

고요한 불꽃의 숨결이여

벽난로 속 붉은 숨결로
당신은 세상을 데우고 있었네
칼과 방패도 없는 당신의 손엔
항상 평온한 불씨가 피어나고

혼돈이 휘도는 신들의 잔에
한 모금 정숙을 붓는 이여
당신의 눈빛은 가만히 말하네
"이곳은 귀환의 자리라"

집마다 당신의 제단이 있고
여명 속 첫 불을 밝히는 이는
허공을 치는 번개 아닌
속삭이듯 피어오른 당신이지요

*   Hestia, 베스타, 가정과 화로의 여신

아르고스의 노래도
델포이의 예언도
처마 밑 숨은 당신의 기도엔
감히 닿을 수 없었으니—

누구도 기억하지 않지만
모두가 당신을 원하고 있었지요
당신은 기꺼이 뒤로 물러나
불꽃처럼, 중심에 머물렀지요

디오니소스가 신들의 연회에 들고
제단이 비좁다 할 때에도
당신은 말없이 그 자리를 내어 주었고
신들은 당신의 고요함에 경배했지요

사랑도 전쟁도 권력도 없이
당신은 오직 '지킴'이었기에
모든 집과 나라의 숨은 기둥으로
세상의 구심이 되어 주었지요

어머니 가이아의 심장을 닮아

묵묵히 타오르는 당신의 불
그것이야말로 인간의 희망
귀향을 비추는 별빛이었지요

불은 타오르되 소리 없고
당신의 기도는 바람 같아
잠든 아이의 이마를 덮고
전사들의 꿈에 안식을 주었지요

헤스티아여, 우리 삶의 모닥불이여
그대 없인 아무 집도 집이 아니며
그대 숨결 없는 신전은
돌만 있는 빈 껍데기일 뿐이지요

사랑과 눈물 사이에서, 에로스*

아이 같고, 신 같고
때론 너무 인간 같은 너, 에로스여

작은 날개를 퍼덕이며
사랑의 실타래를 던져 놓고는
슬며시 사라져 버리는 장난꾸러기여

너의 화살은 왜 이렇게 아플까
맞을 때는 천국 같더니
한밤중엔 이유 모를 눈물이 나와

그건 사랑일까, 중독일까
혹은 네가 심어 놓은 유일한 진실일까

너를 미워하고 싶을 때도 많았어
그리움이 깊어질수록

*   Eros, 큐피드, 사랑의 신

너를 원망하게 되더라
하지만 결국 네가 있어
내 마음은 살아 있음을 안다

에로스, 너는 시인의 첫 문장이야
지워도 지워지지 않는 영혼의 첫 음절
고백보다 더 오래 남는 감정의 잔해
사랑과 눈물 사이
너는 여전히 웃고 있겠지

낯선 도시의 골목길
한눈에 반한 눈빛
우연 같은 운명 속에
언제나 너는 숨어 있지

너 없이 어떻게 노래할 수 있을까
모든 예술은 너의 흔적에서 시작돼
그리고 끝은…
다시 너로 돌아오지

가끔은, 아주 가끔은
너도 외롭다고 생각하니?

우리가 네 덫에 걸릴 때마다
너도 어딘가에서
슬쩍 눈물을 훔치고 있는 건 아닐까

그래도 고마워
우리에게 사랑을 주었으니―

비록 아프고, 헷갈리고
때론 파괴적이지만
그만큼 살아 있다는 증거이리니―

뮤즈*에게 바치는 찬가
: 기억과 영감의 딸들

하늘의 정수, 밤하늘의 비늘처럼 반짝이는 자들이여
그대들은 만물의 아버지 제우스와
기억의 여신 므네모시네 사이에서 태어났네

사흘 밤을 품은 사랑 끝에,
아홉의 노래가 세계 위로 흘러나왔으니—

올림푸스산 위에서
백합 같은 발걸음으로 춤을 추는 그대들
그대들의 숨결은 노래가 되고
그대들의 눈동자는 역사가 되었으며
모든 시인의 입술을 축복했네

첫째 칼리오페, 장대한 서사의 여신이여
영웅들의 이야기와 전쟁의 고통을
하프와 펜으로 새긴 자여

*   Muses, 카미나, 예술과 학문의 여신

그대의 음성은 호머의 심장에 스며들어

일리어드를 노래하고 오디세이아를 불렀네

둘째 클리오, 역사의 여신이여

그대는 시간의 겹을 펼쳐

세상의 기억을 기록했도다

그대의 손끝은 기록자의 깃털

바람을 따라 세계를 쓰는 자로세

셋째 에우테르페, 음악의 숨결이여

그대는 플루트의 맑은 떨림 속에서

기쁨과 슬픔을 뒤섞었고

그대의 숨결은 악보가 되어

연못 위에 부드럽게 울렸네

넷째 멜포메네, 비극의 여신이여

그대는 고통을 예술로 승화시키며

사랑과 죽음을 엮어 무대 위에 올렸네

그대의 가면은 울부짖는 별의 형상이었네

다섯째 테르프시코레, 춤의 불꽃이여

그대는 리라의 울림을 따라

모든 존재를 회오리처럼 이끌었고
살아 있는 자들의 몸을 노래하게 했네

여섯째 에라토, 사랑의 서정시여
그대는 입맞춤처럼 부드러운 운율을
시인들의 펜에 내려 주었고
사랑의 떨림을 음절마다 새기며
그대는 밀어와 열정을 새겼네

일곱째 폴리힘니아, 신성한 찬가의 여신이여
그대는 제사장들의 기도를 감싸며
신들을 향한 노래를 지으니
그대의 침묵은 깊고
그 깊이만큼 목소리는 하늘에 닿았네

여덟째 우라니아, 천문의 별빛이여
그대의 손에는 별자리와 컴퍼스가 들렸고
우주의 노래를 읽어 내며
신성한 질서를 노래하고
그대의 눈은 북두칠성보다 밝았네

아홉째 탈레이아, 희극의 여신이여

그대는 웃음을 예술로 만들고
인간의 어리석음을 관대히 감쌌으며
진리 속의 익살을 알아보는 눈을
배우들에게 내려 주었네

그대 아홉 자매들이여
올림포스의 잔치마다 노래하며
지상의 카오스를 코스모스로 바꾸었고
삶의 고통을 예술로 녹여
인류의 마음을 치유했네

그대들의 발자국마다 시가 자라나고
숨결마다 음률이 피어났으며
한숨도 찬가가 되고
눈물도 희곡이 되었나니—
그대의 손끝이 닿은 모든 것들은 영원하네

시인과 화가, 철학자와 춤꾼까지
그대 없이는 침묵하였으며
그대와 함께여야만 불꽃을 얻게 되었나니—
예술은 너희의 심장이요
영혼은 너희의 발걸음이네

오, 므네모시네의 딸들이여
우리가 길을 잃을 때마다
그대들의 노래가 등불이 되었고
고요한 밤에도, 전쟁의 날에도
그대의 이름은 귓가에 울렸네

그러니 나는 무릎 꿇고 노래하노라―
그대들을 부를 때, 내 시는 살아나고
그대들을 찬양할 때
이 세계는 다시 아름다움의 궤도로
내 마음은 새로워지노라!

티탄족의 후예

1. 니케*여, 날개 달린 승리의 불꽃이여

혼돈의 바다, 거인들이 하늘을 찢을 때
모든 신들이 숨을 죽인 그 밤에
한 여신이 바람처럼 날아올랐으니
그 이름, 니케— 승리의 화신이었다

티탄의 피를 나눈 그녀
그러나 정의의 무게를 저울질하였고
불의한 거인들의 욕망 앞에
올림푸스의 깃발을 들었다

아버지 팔라스의 그림자를 벗고서
어머니 스틱스의 맹세를 품어
그녀는 제우스의 방패 옆에 서서
천둥보다 빠른 결단을 날렸다

*   Nike, 승리의 여신

그 발은 황금의 구름 위를 달리고
그 손엔 영광의 월계관을 들었으며
패배와 공포에 휘청이던 신들 사이에
그녀의 눈빛 하나로 전세는 바뀌었다

불타는 헬리오스의 수레 아래서도
그녀는 주춤하지 않았고
거인의 창날이 하늘을 가를 때에도
니케의 날개는 떨리지 않았다

첫 번째 승전, 그녀는 선두에 서 있었고
두 번째 함성, 그녀가 울려 퍼뜨렸으며
제우스가 최후의 번개를 던질 그 순간
니케는 전장의 중심에 피어났다

그녀는 전쟁의 칼날이 아닌
그 끝에 맺히는 영광을 지녔으며
그 발자국 따라 신과 인간은
새로운 법과 질서를 따르기 시작했다

올림푸스의 열두 옥좌 뒤에서

니케는 왕관을 만들지 않고
사라진 피를 기리고,
쓰러진 이들을 기억하며
날개 접은 정의로 남았다

아테나의 방패 옆을 지키며
전사의 입술에 승전가를 적고
심판의 저울을 흔들지 않으며
공로 앞에 균형을 세웠다

인간들 또한 그녀를 본받아
불가능이라 일컫던 것을 넘었고
올림픽의 제단에 그녀의 형상을 새기며
도전의 이름을 니케라 불렀다

그녀는 죽음 위에 선 비늘이요
혼란 속 질서를 세우는 자

강뉴부대로 태어나
1953년 한국전쟁에서
253전 253승의 불패 상승을 쌓고서

신들의 전쟁을 넘어

인간의 역사를 관통하는 그림자였다

니케여, 날개 달린 승리의 별이여!

당신이 없는 영광은 공허하고,

당신이 머문 전장은 빛나며,

모든 투쟁의 끝엔

항상 님이 있었다

2. 운명의 세 여신**에게 바치는 찬가

먼 별들보다 오래된 이름이여

태초의 어머니들의 실타래를 이어

운명을 짜는 세 손길이여―

세상을 이끄는 섬세한 침묵,

당신들의 숨결은 시간의 맥박이옵니다

클로토여, 생명의 시작을 돌돌 감는 여신이여

** 클로토(Klotho), 라케시스(Lachesis), 아트로포스(Atropos)

작은 숨결이 세상에 태어날 때
당신의 손끝은 실을 뽑고,
운명의 망이 첫 소리로 노래하나이다
"이 아이는 이제, 빛 속에 있다"

라케시스여, 시간의 등뼈를 잇는 여신이여
측량자의 자로 길이를 재며
당신은 기쁨과 고통을 재단합니다
인간의 날들은 눈송이처럼 흩어지고
당신의 고요한 눈빛만이 길을 아옵니다

아트로포스여, 마지막 매듭을 짓는 여신이여
당신의 가위는 무정하나 정의롭고
그 단절의 순간조차
불완전한 인생을 완성으로 이끄나이다
"여기까지가 이 영혼의 춤이로다"

당신들은 여신이되, 왕좌에 앉지 않았고
하늘에 불을 두르지도 않았지만
제우스도, 하데스도, 아폴론도
그대들의 판결 앞에 고개를 숙입니다
운명은 신들 위의 법이기에

티탄의 자손이라 하나
올림푸스의 정의에 손을 보태어
타오르던 전쟁의 나날에도
그대들의 실은 혼돈을 질서로 엮었고
우주의 축이 기울지 않게 했나이다

어머니 가이아조차
그대들의 직조를 거스를 수 없었고
하늘을 짓던 우라노스조차
자신의 운명을 눈치채며
그대들의 뜰을 피해 숨었나이다

죽음조차 당신의 실을 자를 수 없으니
죽음도 당신의 실에 묶여 있는 것입니다

탄생도, 죽음도, 사랑도
우리는 당신들이 짠 노래를 걷습니다
그 노래는 삶의 가락이옵니다

아무리 지혜로운 철인도
그대들이 엮은 실을 풀 순 없고

어떤 독재자도
그 실 안에선 자신의 무늬를 지니니
그대들의 공정은 두려운 자비입니다

아침마다 신들은 전쟁을 준비하고
밤마다 인간은 기도를 올리지만
당신들은 묵묵히 그 모든 갈망을
하나의 바느질로 잇습니다
그리고 그 실은 끊기지 않습니다

당신들의 일은 빛이 아닌 어둠 속에 있고
당신들의 목소리는 바람 속에 섞여 있으나
우리 모두는 알게 모르게
당신의 발자국을 따라 걷고
그 실에 묶여 춤을 추고 있습니다

운명의 자매여, 그대들의 조율이 없다면
시간은 뿔뿔이 흩어지고
사랑도, 죽음도 무의미해질 것입니다

그대들은 질서의 숨결이며
신들의 역사조차도 당신의 작품입니다

시인은 당신의 영감을 노래하고
군주는 당신의 판단에 떨며
아이의 첫울음은
클로토의 바늘에 실리며
노인은 아트로포스의 가위에 안기나이다

운명은 돌이 아니요, 금도 아닌
그대들의 손끝에서 뽑힌 은빛 실이고
그 실에 깃든 비밀들은
시간이 다 지나도 남아
별빛 아래 전설로 남나이다

밤마다 라케시스는 무늬를 가늠하고
이름 없는 자의 삶에도
무게와 빛을 부여하나이다
"이 또한 하나의 우주요, 이 실도 거룩하도다"

오, 운명의 세 여신이여
클로토, 라케시스, 아트로포스!
그대들이 지닌 고요한 권능 앞에
오늘도 나는 고개를 숙이옵니다

삶과 죽음, 그 사이의 춤을 위하여!

신들과 함께한 존재들

1. 님프, 그 사라지지 않는 목소리

올림푸스 님프들이여, 신들의 숨결이여
신들의 정원 너머, 별빛 부서지는 곳에
그대들은 바람처럼 오가며
올림푸스의 들과 숲, 샘과 계곡을 수놓았네

그 발끝엔 새싹이 움트고
그 노래는 이슬에 스며드는구나

드리아스, 나무의 영혼이여
참나무와 느티나무에 깃들어
세월의 나이테마다 기억을 새기는 이여
당신의 손길 아래 아이는 잠들고
늙은 자의 꿈은 다시 푸르르네

네레이드, 바다의 부드러운 딸들이여
포세이돈의 마차 곁을 따르며

하얀 포말의 베일로 세상을 덮는 이여
그대의 웃음은 조개껍질 속의 노래이며
그대의 숨결은 조류를 이끄는 마법이네

오레이아드, 산과 절벽의 님프들이여
돌과 눈 속에도 노래를 심는 이들이여
거친 바위틈 사이로 피어나는 꽃처럼
그대들은 침묵 속에 피어오르나니
산마루마다 그대의 숨결이 흐르네

나이아드, 물의 정령들이여
샘과 강, 호수의 떨림으로 존재하는 이들이여
아르테미스의 활에 적시는 물방울이 되고
아폴론의 리라에 실려 흐르는 선율이 되어
세상의 숨결을 차분히 가누네

하마드리아스, 나무와 운명을 함께하는 이들이여
나무가 쓰러지면 생도 스러지는 운명 속에
조용한 충직으로 살아가는 이여
그 사랑은 끊어질 수 없는 뿌리요
그 죽음은 별 아래 묻히는 기도라네

올림포스의 정원에서,
그대들은 신들과 나란히 춤을 추었고
디오니소스의 술잔을 돌리며
아프로디테의 거울을 닦았으며
헤라의 창가에 꽃을 놓았네

이들은 섬세하고 조용하나
신들의 이야기를 잇는 실마리였으니
아프로디테가 사랑을 흩뿌릴 때
그대들은 그 씨앗을 가꾸는 정원이 되었고
비너스의 숨결을 닮은 향기가 되어 떠돌았네

그대들은 절대자의 권능은 없었지만
순결한 자연의 목소리로
신화의 틈새마다 스며들어
세상의 온도를 조율하고
생명에게 노래를 건네었네

소란스럽지 않되, 침묵을 이끄는 음악처럼
한때는 영웅을 지켜 주고
한때는 여신의 분노를 가라앉히며
그대의 숨결 하나에 계절은 바뀌고

세계는 조금 더 아름다워졌네

님프들이여, 잊힌 이름들이여
그러나 숲과 물소리, 바람 속에
여전히 살아 숨 쉬는 이들이여
신들의 행렬이 멈춰도
그대들의 노래는 살아 있네

그러니 내가 이 시를 바치노라
님프들이여, 사라지지 않는 목소리여
그대의 미소가 그늘을 거두고
그대의 노래가 삶을 일으키며
신들과 인간 사이에 다리를 놓아 주소서

2. 에코의 비밀

숲을 감싼 바람 속에서
그녀의 목소리는 춤을 추네

나뭇잎 사이를 스치는 속삭임
그 이름은 메아리라네

제우스의 비밀을 감추려
그녀는 헤라를 속였네
끝없는 수다로 시간을 벌었으나
신의 분노는 그녀를 묶었네

"너의 목소리는 사라지리라
오직 남의 말을 되풀이하리라"

헤라의 저주는 내려오고
그녀의 입술은 닫혔네
그 눈엔 나르시스를 담고
그 심장은 그의 이름을 불렀네

그러나 돌아오지 않는 사랑
오직 그의 말만 되풀이했네

숲이 깊어질수록 사라지고
그 몸은 점점 흐려지네
그는 강물 속 그림자를 사랑하고
그녀는 메아리로 변해 가네

눈물은 돌이 되어

그 존재는 흩어지고

바람 속에 남은 사랑

이름 없는 노래가 되었네

신들의 조롱과 슬픔

그녀를 찾는 자 없네

그러나 바람이 불어올 때면

그 속삭임은 다시 태어나네

숲속에서 들려오는 메아리여

그것은 에코의 영혼이라네

3. 켄타우로스, 운명의 틈에서 태어난 자여

테살리아의 바람이 들끓을 때

인간과 신의 경계가 흐려질 무렵

네펠레, 구름의 여신은 유혹 아닌 유혹이 되어

익시온의 눈앞에 나타났도다

그 여인은 헤라의 그림자였고, 신의 시험이었나니—

익시온, 불경의 인간
그는 제우스의 관용을 배반하였고
신들의 식탁에 앉아 헤라를 탐하였다
그러나 제우스는 속지 않았도다
그의 욕망은 구름을 안았을 뿐—

그 구름, 헤라의 환영으로 만들어진 존재
그 이름 네펠레— 하늘과 물의 혼
그녀는 익시온의 욕망에 몸을 내맡기고
인간도 아니고 신도 아닌
그대를 잉태하였도다

그 아이, 켄타우로스—
짐승의 영혼, 인간의 껍데기
분노로 가득 찬 최초의 이종족
그의 탄생은 저주였고
그의 후손은 본능과 이성의 전쟁이었도다

켄타우로스는 인간 여자와 결합하였고
그 후손들이 바로 오늘의
산을 달리는 족속들

피리와 창을 쥔 자들
야성과 철학 사이를 오가는 켄타우로스들 되었도다

그러므로 그들은 단순한 반인반마가 아니요
신의 징벌과 인간의 욕망이
뒤엉켜 태어난 운명의 자식들이었다
그들의 발굽은
신화 속의 죄책을 밟고 달렸나니—

그대들은 물을 거슬러 오르는 연어처럼
자신의 기원을 기억하였고
종종 그것을 부인하지도 못하고
또 완전히 받아들이지도 못한 채
끝없는 방황 속에 살아갔도다

질주하던 그들의 발밑에서
들풀은 쓰러지고 별빛은 가물었으며
신과 인간 모두 그들을
반쯤 두려워하고 반쯤 경멸하였도다

그대들은 헤리클레스의 화살에 쓰러진 자도
트로이 전장에 앞장섰던 이도 있었으며

그대들의 전설은 신들의 술자리에서도
반은 조롱, 반은 경외로
오랜 밤을 장식하였도다

그러나 케이론,
그 대열 속의 예외이자 이상
치유의 지혜와 고요한 눈빛을 지닌 자—
그는 모든 켄타우로스의 구속을 깨뜨리고
올림푸스조차 인정한 스승이 되었도다

그렇기에, 그대들의 계보는
낙인의 역사이면서도
변형과 가능성의 서사였고
타고난 것과 선택한 것 사이에서
그대들은 늘 싸우며 살아왔도다

인간의 형상을 빌린 구름
신의 노여움에서 비롯된 사랑
그 결과물이 오늘날

바람처럼 달리고,
철학처럼 말하며,

상처처럼 남아 있는 그대들이 되었도다

켄타우로스여,
그대의 태생은 욕망이요 징벌이었으나
그 여운은 신화의 중심을 흔들었고
그 운명은 인간의 내면을 반추케 하였나니—

너는 단순한 괴물이 아니라
우리 존재의 거울이었도다

아프로디테와 아레스의 밀애
– 황금 그물의 올림푸스

금빛 궁전, 꽃 덩굴 흐르는 하늘 위
올림포스의 심장, 장미 유리창 아래—

아프로디테, 사랑의 빛이여
아레스, 전쟁의 불꽃이여

은밀한 밀애는 숨결처럼 어루만졌고
헤파이토스는 침묵의 망치질로 응수하네
신들의 눈길은 바람보다 날카롭고
속삭임은 바다보다 깊다
올림푸스의 바람결 속에서
금빛 그물이 운명을 엮는다

아레스의 손길이 닿던 순간
아프로디테는 미소 속에 놀람을 숨긴다
그물은 금보다 가볍고, 진실보다 무겁다
그들이 서로의 팔에 감기던 그 순간
허공에 내려앉은 운명의 장치—

번쩍! 찰나의 빛이 엮어 낸 그물망 속
두 신은 서로의 눈동자에 감금되었네

포세이돈은 바다처럼 깊은 침묵 속에
눈썹을 찌푸리며 파도를 삼킨다
헤르메스는 입가에 장난기 어린 숨을 띠우고
아폴론은 리라를 내려놓으며 고개를 돌린다
디오니소스는 술잔을 움켜쥐고
잔에 담긴 포도주는 진실처럼 붉게 타오르네

"보아라, 정의 없는 사랑은
어떻게 신마저도 사로잡히는가!"

헤파이토스의 외침은
황금 그물처럼 번쩍이며 천장을 타고 넘네
그러나 그 눈엔—
슬픔보다 깊은 비애가 깔렸네

제우스는 천상의 번개를 움켜쥔 채
올림푸스를 감싸는 운명을 바라본다
헤라의 눈빛은 조용한 불꽃이 되고

아르테미스는 달빛 아래 그림자를 드리운다
아프로디테는 숨을 삼키고
아레스는 그의 창을 움켜쥔다

그날, 올림푸스는 웃었고, 또 울었다

사랑과 배신과 정열과 창조가
한 장면 속에 포개어졌으니—
이것이 신들의 삶이며
세상의 운명이 아니던가

아프로디테의 미소는 바람 속에 사라지고
아레스는 철갑 속에서 숨을 죽이며 서 있다
헤파이토스의 손끝에서
황금과 쇠는 불꽃 속에서 흔들린다

그러나 사랑은 불멸이며
어둠 속에서도 빛을 띠운다

신들은 침묵하며 서로를 바라보며
올림푸스의 궁전은 또다시 숨을 삼킨다
아프로디테의 눈동자는 바다처럼 깊고

아레스의 심장은 전장보다 뜨겁다

그러나 올림푸스는 영원히 기억하리니—
황금 그물 속 감금된 사랑과 운명을
그리고 인간들은 전설을 속삭이고
하늘은 신들의 이야기를 품네

금빛 그물의 그림자는 아직도 남아
올림포스의 심장을 감싸고 있네

사랑과 정의, 욕망과 운명
모든 것이 신들의 세계에서 다시 춤추리라

영웅 테세우스와 미노타우로스의 대결

제4장

영웅시대

아르고호를 타고 황금 양털을 구하기 위하여
콜키스로 떠나는 이아손, 헤라클레스, 오르페우스, 테세우스 등 50명의 영웅들

헤라클레스의 12가지 과업
– 헤라클레스의 노래

제우스의 욕망이 인간의 삶에 스며들 때
알크메네의 자궁은 신의 불꽃을 품고
헤라클레스, 신과 인간의 피를 이은 자여
그의 첫울음은 예언처럼 천둥을 울렸다

헤라의 분노는 번갯불 같았고
갓난 영웅의 요람에 뱀 두 마리 기어든다
그러나 작은 손은 뱀의 목을 조였고
헤라는 공포와 증오를 함께 삼켰다

소년은 태양보다 눈부신 힘을 지녔고
음악과 철학조차 그의 거친 숨결 앞에 떨며
리노스의 채찍은 헤라클레스의 분노를 깨웠고
사부는 그 자리에서 한 줌 재로 변했다

용서를 구하며 추방된 그는
산과 들, 숲과 바람 속을 방황하고
티스피우스의 딸들과 사랑을 나누며

새로운 영웅의 혈통을 세상에 뿌렸다

그러나 운명은 평온한 길을 허락하지 않고
헤라의 광기가 그의 정신을 덮치니
그는 자신의 자식과 아내를 창에 꿰었고
핏빛 슬픔은 신들의 눈조차 피하게 하였다

델포이의 신탁, 아폴론의 음성은 이르렀다
"너는 에우리스테우스의 노예가 되어야 하리라"
속박된 자유 속에서 12가지 과업이 내려졌고
영웅은 자신의 구원을 피로써 사야 했다

첫 번째, 네메아의 사자
무쇠 가죽의 야수는 그의 팔에 짓눌리며
그는 야수의 가죽을 두르고 걷기 시작했고
그 어떤 창도 그의 어깨를 뚫을 수 없었다

두 번째, 레르네의 히드라
잘라도 잘라도 다시 돋는 머리
이올라오스의 불꽃이 거든 그날
독이 깃든 화살은 탄생했다

세 번째, 케리네이아의 사슴
은빛 뿔을 지닌 아르테미스의 짐승
그는 신의 분노를 달래며
살아서 그 짐승을 끌고 왔다

네 번째, 에뤼만토스의 멧돼지
겨울 산의 포효는 그의 덫에 울었고
웃음소리 속에 왕궁까지 끌려왔도다

다섯 번째, 아우게이아스의 외양간
오랜 세월 쌓인 더러움은 강물로 씻겼으며
그는 인간의 수치를 신의 지혜로 삼았다

여섯 번째, 스튐팔로스의 새들
날개 끝마다 죽음을 품은 괴조들이
청동 방패와 활의 노래에
하늘을 등지고 사라졌다

일곱 번째, 크레타의 황소
포세이돈의 분노가 날뛰는 그 짐승을
맨손으로 제압하여 끌고 왔다

여덟 번째, 트라키아의 마인
흉포한 말들은 피를 마셨고
그는 왕 디오메데스를 그들 입에 던졌다

아홉 번째, 히폴리테의 허리띠
여왕은 사랑의 눈길로 벗어 주려 했으나
헤라의 음모가 피를 부르고 말았다

열 번째, 게리온의 소 떼
세 머리를 지닌 거인은 활의 끝에서
붉은 땅에 쓰러졌고, 황금의 소는 길을 따랐다

열한 번째, 헤스페리데스의 황금 사과
지혜로 아틀라스를 기만하고
빛나는 과실을 손에 넣었다

열두 번째, 지하 세계의 케르베로스
검은 강을 건너 무쇠 목줄에 묶인 개
죽음을 꺾은 자로서 그는 다시 살아났다

과업을 마친 후에도 그는 평범하지 못했으니
트로이카를 위해 싸우고

칼리돈의 전투에서 피를 뿌렸다

기간토마키아의 섬광 속에서도
그는 거인족을 꿰뚫는 화살을 쏘았고
올림푸스의 영웅으로 신들의 옆에 섰도다

하지만 고통은 여전히 그의 그림자
데이아네이라의 속옷 속에 담긴
네소스의 독이 그를 괴롭히고
육신을 불길에 던졌다

불꽃 속에서 그는 육신을 벗고
하늘의 계단을 오르며 신의 자리에 들었다
불사의 영혼, 올림푸스의 별이 되어
하늘 가장자리에 찬연히 빛났네

헤라는 그를 마침내 받아들이고
자신의 딸 헤베와 혼인시키며
과거의 원한은 신들의 잔 속에 녹았네

이제 그는 하늘과 땅
죽음과 생명을 모두 딛고 선 존재

인간의 실패를 초월한 불멸의 상징—
영웅, 헤라클레스라 불리는 빛으로 남았도다

페르세우스와 메두사의 머리
- 운명에 맞선 검의 노래

아르고스의 왕 아크리시오는 예언을 들었네
그의 손자는 그를 죽일 운명이라네
딸 다나에를 청동 탑에 가두었건만
황금비가 되어 스며든 제우스, 운명을 낳았도다

페르세우스, 신과 인간의 피를 이어받은 자여
세상의 빛을 보자마자 죽음의 위협이 따랐네
모자는 상자에 실려 바다로 흘렸네
그러나 파도는 슬픔보다 먼저 이들을 구했도다

세리포스섬, 어부 딕티스의 손에 자랐네
강건함과 정의의 씨앗으로 빛을 키웠네
그러나 왕 폴리덱테스의 음모는
그에게 메두사의 머리를 가져오라 했도다

신들이 도우니 그 여정은 운명이었고
헤르메스는 검을, 아테나는 방패를 주었네
하늘을 나는 샌들과 캄프레의 주머니

그리고 그림자처럼 다가온 고르곤의 밤―

그라이아이의 눈 하나를 빼앗아
비밀을 얻고 깊은 숲속으로 향하네
돌이 된 영혼들이 울부짖는 땅―
거기 메두사가 어둠 속에 숨었네

거울 같은 방패에 눈을 두고
날랜 손에 신의 검을 쥐었네
그녀의 머리는 검 아래 날아가고
핏속에서 크리사오르와 페가수스가 솟았도다

하늘을 나는 말과 함께 귀환하던 길에
에티오피아의 사막, 바위에 묶인 안드로메다
괴수를 물리치고 공주를 구한 페르세우스―
사랑과 명예를 검 위에 얹었네

돌아오는 길, 왕의 술책을 꺾고
메두사의 머리로 거짓을 돌로 만들었네
딕티스를 왕으로 세우고 그는 떠나고
모든 모욕은 정의로 되갚아졌도다

고향 아르고스로 향하던 길
그는 예언을 피하려 회피했건만
원반던지기 경기에서 그만—
바람 따라 날아간 원반
외조부를 쓰러뜨렸네

예언은 돌고 돌아 이뤄졌네
페르세우스는 미케네의 왕이 되었네
신의 자손이지만 인간의 슬픔을 안고
그의 별은 밤하늘에, 이야기로 빛나도다

고르곤의 세 자매

태초의 밤이 빚은 괴이한 운명
해신 포르키스와 케토의 자궁에서
어둠을 닮은 세 자매가 태어나니
그 이름은 고르곤, 공포의 화신이로세

장녀 스텐노는 장강 같은 힘을 지녔고
손끝마다 핏빛이 흐르며
죽음을 노래하는 야수의 심장
불사의 몸으로 전장을 누비네

차녀 유리알레는 울부짖는 바람의 혀
거친 파도처럼 노도 치는 감성
하늘 끝까지 닿는 그 울음소리는
영웅들마저 두려움에 떨게 하도다

그리고 막내 메두사, 뱀의 관을 쓰고
인간의 욕망과 신의 분노에 태운 자
아름다움은 저주가 되어

아테나의 저편에서 괴물이 되었네

스텐노와 유리알레,
불멸의 피를 지녔건만
메두사만은 가엾게도 죽음의 문에 서서
필연의 칼날을 기다렸으니
그 운명마저 신들의 장난이었도다

페르세우스가 창공을 가르며
청동 방패로 눈을 피하고
아르테미스의 단검으로 날려 낸 목엔
별과 말이 피어났나니―
크리사오르*와 페가소스**

그녀의 죽음은 종말이 아니라
신화의 새로운 시작이었고
고르곤의 피는 약과 독이 되어
운명의 그늘에 뿌려졌도다

---

*　　Chrysaor. 황금 검을 든 자. 괴물 게리온의 아버지.
**　　Pegasus. 날개 달린 백마. 벨레로폰을 도와 키메라를 처치.

제4장 영웅시대　175

세 자매의 얼굴은 공포 그 자체
그러나 그 이면엔 상처 난 신념과
신들조차 잊은 정한이 흐르며
사랑도 증오도 침묵 속에 자라도다

누가 괴물이라 이름 붙였던가
신들의 질투가 만든 형벌일 뿐
고르곤의 눈동자엔 인간의 고통이
거울처럼 비추어질 뿐이다

밤의 어미 케토는 울지 않았으나
심연은 그녀들의 이름을 안고
검은 바다 깊숙이 그 노래를 품고
어느 누구의 심장에도 그림자를 드리운다

고르곤이여, 그대는 어둠 속 정의
영광도 수치도 함께 쥔 손들
누군가에겐 괴물이요
또 다른 누군가에겐 거울이도다

오늘도 별 아래 누군가는 중얼대리
"그대의 시선에 내가 멈추었다고 해도—

그건 돌이 아니라 진실이었다"고
고르곤이여, 우리는 당신을 모른다

이아손*과 아르고호의 모험
– 이아손과 황금 양털

테살리아의 이올코스, 왕의 자리를
펠리아스가 찬탈했을 때
아이손의 아들, 갓난 이아손은
첩경 속에 헤르메스의 날개를 빌렸다

현자 케이론 아래서 자라며
정의와 지혜, 무술을 익히고
운명의 소명에 부름받아
금빛 모험의 문을 두드렸다

이아손이 왕위를 요구하자
펠리아스는 말했도다—
"콜키스의 황금 양털을 가져오면
그 자리에 앉게 해 주리라"

신들은 그를 도왔고

---

* Jason, 그리스 로마 신화의 영웅이자 아르고호의 원정을 이끈 인물

아르고스는 배를 지어 바쳤으며
아테나는 키를 깎고
헤라도 그의 어깨를 감싸 주었다

그리하여 건조된 '아르고'라 불린 배
목재마다 신의 숨결이 스며
노마다 장인의 피와 땀이
영웅들의 꿈을 싣고 떠났다

그 배에 모인 자, 아르고나우타이 50명—
헤라클레스, 오르페우스, 펠레우스
카스토르와 폴룩스, 아이드몬
하나같이 신에 필적한 사내들이었다

하늘의 별과 바람의 결 따라
에게해와 흑해를 가르며
그들은 시련과 마주했나니
신과 괴물, 마법과 저주가
그 길을 막았도다

렘노스섬에선 여자들만이
복수의 불길 속에 기다렸고

영웅들은 향기에 취해
잠시 길을 잊고 머물렀도다

크지크스 왕의 실수로
밤의 그림자 아래서 싸우며
자신의 친구들을 죽인 죄에
그들은 눈물로 새벽을 맞이했도다

심연의 심장, 프로폰티스엔
거대한 암석, 심플레가데가 있었으니
해로를 삼키는 파도의 악마
오르페우스의 리라만이 그것을 진정시켰도다

드디어 도착한 황금의 땅, 콜키스여
그곳엔 용이 수호하는 양털이 있었고
아이에테스 왕은 시험을 내리니
불의 소와 씨앗의 싸움이었도다

그러나 신들의 지혜는 이아손 편이었고
메데이아, 왕의 딸이 그를 도우니
사랑의 약초와 마법으로
그의 칼에 용이 잠들게 되었도다

황금 양털을 쥐고 나올 때
메데이아는 동생 압시르토스를 속였고
형제를 바다에 던져
콜키스의 추격을 피했나니—
피의 항해였다

도중엔 탈로스라는 청동 거인이
크레타섬에서 그들을 위협했으나
메데이아의 기지로 무릎을 꿇리고
영웅들은 마침내 고향에 닿았도다

그러나 이올코스엔 죽음의 장막
펠리아스는 왕위를 내주지 않고
메데이아는 꾀를 내어
그를 딸들의 손으로 죽게 하였도다

그 후 이아손과 메데이아는
코린토스로 떠났으나
그곳에서 그는 다른 왕의 딸을 취하니
비극의 장막이 펼쳐졌도다

분노한 메데이아는
자식조차 죽이고 떠났으며
이아손은 배에 기대어
날마다 슬픔을 삼켰나니—

그 영광의 배 '아르고'는
이제 부서져 항구에 눕고
그 목재가 이아손 위로 떨어져
그의 최후를 감쌌도다

하지만 기억하라, 영광의 이름들—
모험의 불꽃으로 바다를 가른 자들
그들의 노래는 밤하늘에 흐르고
별들은 그 항로를 새기나니—

헤라클레스의 힘은 괴수를 꺾고
오르페우스의 가락은 돌을 움직였으며
여정마다 피와 검이 있었으나
무엇보다 그 속에 진실한 우정이 빛났도다

그대가 길을 잃었을 때
아르고의 항해를 기억하라

불가능은 신들의 장난일 뿐
용기만이 전설을 만들도다

신들도 외면하지 못한 이 모험
신들이 인도하고 인간이 이룬 것이니
이아손과 그 동료들은
운명의 굽이마다 노를 저었도다

이아손의 이름은 바람에 새겨지고
아르고호는 오늘날까지 전설이니
우리 또한 질문을 던져야 하리—
어디에 황금 양털이 숨었는지를

테세우스와 미노타우로스의 전투
– 미궁을 가른 영웅이여

트로이 이전, 아테네 먼 옛날
바다의 포세이돈 혹은 아이게우스 왕의 혈통에서
태어난 사내, 영웅의 이름 테세우스
그는 운명의 신들이 짠 실타래를 따라 걷기 시작했다

검과 신발을 바위 밑에 감춘 아버지의 약속,
소년은 근육이 채 무르익기도 전에
그것을 찾아 손에 쥐고는
육로의 괴물들을 하나씩 무찔러 나아갔다

시니스를 꺾고, 스키론을 절벽으로 밀치며
프로크루스테스를 자신의 침대에 눕혀
정의의 철퇴로 악을 처벌하니
길은 테세우스의 전설로 뒤덮였다

아테네 도착, 백성은 환호했지만
그 도시엔 크레타의 저주가 드리워져 있었으니
아테네의 젊은이들, 제물 되어

미궁 깊은 미노타우로스의 식량이 되었다

자신을 제물로 삼겠다는 결의로
테세우스가 뱃머리를 향해 나아가니
그의 검은 돛은 비장한 기운 담고
크레타를 향해 파도를 갈랐다

미궁의 그림자 속, 황소의 몸과 인간의 머리
괴물 미노타우로스의 숨소리가
벽을 타고 굉음으로 울려 퍼질 때
빛처럼 다가온 건 공주의 손길, 아리아드네였다

사랑은 실타래가 되어
미궁의 어둠을 길로 바꾸고
테세우스는 검을 들고 괴물과 맞섰다
한 번의 찌름, 운명의 역전이었다

괴물 쓰러지고, 뿔엔 피가 흐르며
괴성은 미궁 전체를 뒤흔들었고
젊은이들은 구출되어 달빛 아래로
테세우스는 새로운 아침을 열었다

하지만 신들의 눈은 모든 것을 지켜보고
그는 아리아드네를 낙소스에 홀로 두었으니
디오니소스의 여인이 된 그녀의 슬픔과 함께
운명의 또 다른 실타래가 뻗어 갔다

돌아오는 길, 돛의 색을 바꾸지 못한 실수—
아버지 아이게우스는 절벽 아래로 몸을 던지며
그 바다는 그의 이름(에게해)을 얻었고
테세우스는 왕이 되었으나 눈물로 맞이했다

왕이 된 뒤, 그는 법을 세우고
아테네의 시민정신을 다지며
도시의 아버지로, 정의의 수호자로
혼돈의 그늘을 걷어 냈다

피리토오스와의 우정으로
하계까지 내려간 무모한 탐험
페르세포네를 향한 도전은
하데스의 사슬 아래서 무참히 끊겼다

한때의 영광은 모래성처럼
조용히 무너지며, 민중은 그를 떠나고

운명은 영웅의 발밑을 허물며
추방과 망각의 그늘로 이끌었다

스키로스의 왕궁, 거짓된 환대
절벽 아래로 떨어진 그의 마지막 숨결
하지만 신들은 그를 기억하기에
별이 되어 하늘에 올랐다

검은 돛의 실수조차 노래로 남고
그의 이름은 정의와 용기의 상징이 되며
아테네의 광장에서 수천 세대를 넘어
젊은이들의 마음속에 살아 숨 쉰다

이제 우리는 노래하리라
사랑과 배신, 용기와 실수의 이야기
테세우스여, 인간의 불완전한 신화여
그대는 바로 우리의 모습이라네!

오이디푸스와 숙명
- 운명의 굴레 아래

테베의 땅 밤바람에 실려
신탁의 메아리 울렸도다
"너는 아비를 죽이고
어미와 잠자리를 같이하리라"

무정한 진실에 떨며
라이오스 왕은 핏덩이 아들을 산에 묻네
작은 발에 꿰인 쇠고랑
오이디푸스, 고통의 이름이네

양치기 손에 구해진 아기
코린토스의 왕궁으로 들여졌네
폴리보스와 메로페의 자애 속에
자신을 왕자라 믿고 자라나도다

그러나 피는 운명을 속이지 않고
또 다른 신탁이 그의 길을 가로막네
"너는 아비를 죽이고

어미의 자궁으로 돌아가리라"

충격에 떨며 스스로 도망친 길
운명은 이미 덫을 놓고
다리 위의 마차, 분노와 칼날
피로 물든 손에 아비의 숨결이 사라지네

스핑크스의 수수께끼 앞에서
지혜로 문을 연 자 누구인가
"사람이다!", 정답을 외친 입술―
테바이의 왕좌는 그의 것이 되었도다

과부가 된 여왕, 아들의 여자가 되어
네 아이는 죄의 꽃처럼 피어나
모른 채 웃는 그의 얼굴 위로 햇살이 스치네

그러나 어둠은 빛을 삼키고
역병은 도성의 가슴을 움켜쥐며
신탁은 다시 말하도다
"전왕의 살해범을 찾으라"
"오염된 자를 찾아라"
"테베의 파멸을 막으라"

진실의 발자국을 따라
그는 자기를 쫓고 있었네
한 겹 한 겹 벗겨지는 베일
마침내, 거울 속의 괴물과 마주하도다

어미이며 아내인 이오카스테—
비명도 없이 스스로 생을 접고
그 피 묻은 옷자락 아래
그의 눈은 핏물로 멀어졌도다

두 눈을 스스로 찌르고
그는 깜깜한 현실 속으로 걸어가네
"나를 보지 말라, 나도 나를 보지 못하노라"
울부짖으며 진실의 대가를 감내하도다

장님 왕은 떠나고
딸 안티고네는 그의 손이 되어
산 너머 들판을 걸으며
속죄의 길을 함께 이어 가도다

콜로노스의 숲, 저승과 이승의 문턱에서

운명은 그에게 안식의 자리를 주었네
별빛에 몸을 맡긴 오이디푸스
신화가 된 인간, 인간이 된 신화여

그의 피에서 피어난 불화—
에테오클레스와 폴리네이케스
형제는 서로의 칼날을 품고
테바이의 왕좌 위에 붉은 눈물을 뿌리도다

안티고네, 순수한 영혼의 수호자여
신의 법과 인간의 법 사이
매장되지 못한 오빠를 위해
자신의 생을 무덤으로 가져가도다

운명은 피할 수 없음을
이 가문의 붉은 궤적은 증언하네
아름다움도 슬픔도 넘나들며
피와 눈물로 새긴 시간의 조각들이여

오이디푸스여, 그대는 죄인인가
아니면 신들의 희생자인가
어머니가 아내이고

왕이자 맹인이었던 이여

진실을 향해 눈을 찌른 자여
그 어둠 속에서 빛을 얻었으니
보지 않음으로 진실을 본 자여
그대 고통이 곧 계시였노라

스핑크스의 문제를 푼 당신
그러나 인생의 수수께끼는 더 깊었지
스스로를 푸는 데 한생을 다 바친 자여
그 여정은 끝났으나, 노래는 이어지네

그의 이름은 비극의 상징—
그러나 또한 의지의 표본이니
끝내 침묵하지 않은 자
고통 앞에서도 걸음을 멈추지 않았도다

운명 앞에 무너진 이여
그러나 운명을 온몸으로 껴안은 이여
그대는 우리에게 묻노라
"너는 누구인가? 너의 길은 어디인가?"

산 자의 고통과 죽은 자의 침묵 사이에
신들은 경계를 흐리며 웃고
우리 인간은 묻는다
"무엇이 옳은 삶인가?"

오이디푸스의 이야기는 끝나지 않았다
그는 우리 안에서 다시 깨어나고
그의 눈먼 시선은
우리 영혼의 그림자를 비춘다

그래, 오이디푸스여
님의 이야기를 노래하노라
고통을 넘어 진실을 안은 자여
그대는 결코 저주가 아니라 인간이었노라

메데이아와 복수의 이야기
– 콜키스의 공주, 메데이아, 불꽃의 심장이여

별빛 아래 여신의 피 흐르는 이여
콜키스의 딸, 메데이아여
황금 양모를 지키던 마법의 손
운명은 그녀에게 사랑을 속삭였네

이아손, 아르고호의 황금빛 용사
그의 눈동자 속 바다가 출렁일 때
신들의 장난인가, 정녕 운명의 불꽃인가
공주의 심장은 미쳐 타오르기 시작했네

아버지를 속이고 오빠를 등졌네
검붉은 바다에 피가 물들었고
사랑은 도망자의 배에 실려
메데이아는 낯선 땅에 몸을 던졌네

코린토스의 왕궁, 잠시의 평온
두 아이, 그의 팔 안에서 피어난 꽃이네
그러나 이아손은 다른 신부를 향하고

사랑은 검은 칼날로 바뀌었네

"신들의 맹세를 저버리는 자여,
내 사랑을 배신한 너여"
그녀의 입술에선 저주가 피고
침묵 속에서 복수는 자라났네

꽃으로 피어난 두 아들
자신의 손에 쓰러진 날
세상이 흔들리고 하늘도 외면했네
어머니여, 어찌 그리도 잔인할 수 있나

그러나 이아손이여, 그대는 아는가?
그녀의 사랑이 얼마나 절절했는지를
그녀가 버린 것은 고향과 피, 기억하겠지
그녀가 지킨 것은 오직 그대였음을—

코린토스는 불에 탔고
새 신부는 독화로 쓰러졌네
신들은 침묵했고
메데이아는 불사의 수레에 올랐네

그녀는 죽지 않았네
고통과 사랑을 안고 떠났을 뿐—
별과 별 사이를 떠도는 밤의 여왕
슬픔으로 마법을 노래하네

메데이아, 이름조차 독이 된 여인이여
그러나 그녀는 시작부터 괴물이 아니었네
사랑이 먼저고
그 사랑이 상처가 되어 칼이 되었네

세상이 그녀를 악이라 부를 때
신들은 웃었고 인간은 떨었네
그러나 가장 무서운 것은
상처 입은 사랑의 여신이었네

그래서 우리는 기억하리라
한 여인의 붉은 이야기
사랑과 복수는 종이 한 장의 차이라고
별빛 아래 그녀의 이름을 속삭이리라

아마존 여전사들과의 전투
– 아마존의 노래, 불꽃의 여전사여

먼 동방의 안개 너머 스키타이의 평원에
남자의 지배를 거부한 자매들이 있었네
달의 여신 아르테미스께 맹세한 전사들
그 이름, 아마존— 자유의 불꽃이었네

그녀들은 어릴 적부터
창과 활을 품었네
부푼 가슴은 스스로 베어 던지고
궁술의 명수가 되어 달빛을 쫓았네

어머니이자 여왕이었던 오트레레
전통을 세우고 아르테미스 신전의 불을 밝혔네
그들은 법과 질서 속에서 살았고
남자들은 오직 후손을 위한 존재일 뿐이었네

말 위에서 태어나 말과 하나가 되고
창끝에 바람을 실어 적을 꿰뚫으며
그녀들의 방패는 정의였고

그녀들의 전투는 자유를 향한 것이었네

트로이의 들판, 성벽 앞에서
펜테실레이아는 아킬레우스를 맞았네
사랑이었나, 경외였나,
죽음의 입맞춤 속에 눈을 감았네

그녀들의 검은 피가 흘렀을 때
그 땅엔 전설이 피어났고
그 누구도 아마존을 짓밟지 못했으니
그녀들의 무덤조차 위대한 성채라네

그리스의 왕들, 영웅들은 말했네
"여인과 싸워 이기는 건 영광이 아니다"
그러나 심장은 속삭였네
"그녀들은 우리보다 강하다!"

테세우스와 안티오페, 사랑과 전쟁 사이
그녀는 왕의 아이를 품었지만
아마존은 결코 굴종하지 않고
결국 전사로서 죽음을 맞았네

지중해의 바람은 그녀들의 이름을 싣고
흑해의 파도는 그녀들의 피를 안았네
그러나 어느 바위, 어느 들판에서도
그녀들의 말발굽 소리는 메아리쳤네

여신 아르테미스는 그들을 버리지 않고
밤마다 별이 그녀들을 노래하며
어디에든 억압이 있을 때마다
아마존의 투지가 다시 피어났네

그녀들은 남자보다 강하기 위함이 아닌
스스로의 운명을 쥐기 위함이었고
그 검은 고통을 끊는 칼날이며
그 활은 평화를 향해 당겨졌네

전설이라 부르라
허나 진실은 언제나 살아 있나니—

아마존이여, 자매들이여
그대들의 이름은 영원히 불멸하리라!

오르페우스*의 비가
- 저 너머로 흐르는 노래

가냘픈 손끝에 리라를 안고
오르페우스는 새벽을 노래했네
모든 짐승과 나무, 바위조차
그 음률 앞에 고개를 숙였네

그가 사랑한 여인은, 에우리디케
숲의 향기처럼 조용한 미소
바람보다 순수한 발걸음으로
그는 그녀에게 시를 바쳤네

그러나 사랑은 항상 평탄치 않고
비극은 꽃 사이로 뱀처럼 들었네
결혼의 날, 독사의 이빨이
그녀의 발을 물어 영원을 끊었네

하늘은 침묵했고 땅은 울었네

* Orpheus, 트라키아의 시인이자 전설적인 음악가, 예언가

오르페우스는 리라를 내려
모든 신들께 눈물로 빌었네
"내 사랑을 돌려주오, 제발…"

죽음조차 그 노래에 흔들렸고
하데스의 차가운 심장도 멈칫했네
페르세포네의 눈엔 물기가 돌았고
어둠 속에도 봄빛이 일렁였네

"데려가라, 사랑하는 여인을"
그러나 단 한 가지 조건이 있다
"절대 뒤를 돌아보지 말 것,
빛에 닿기 전까지는…"

그리하여 두 그림자는 걸었네
하계의 강 너머, 침묵의 계곡 너머
오르페우스가 앞장서고
에우리디케가 뒤따라
말없이 그 길을 오르네

희망이 점점 선명해질수록
불안도 그 곁을 따랐나

그녀가 과연 따라오고 있는지
그는 듣지 못했고, 보지 못했네

햇빛이 앞에 보이자
그는 그만 돌아보고 말았네
단 한 번의 시선, 사랑의 갈망이
영원을 송두리째 앗아 갔네

그녀의 눈빛, 마지막 인사처럼
"왜요, 사랑해요…"라고 말했네
그러고는 안개처럼 스러져
하데스의 문 뒤로 다시 사라져 버렸네

오르페우스는 울지 않고
그의 노래가 곧 눈물이 되었네
세상은 다시 그의 리라 아래
고요한 절망을 배웠네

그는 다시 숲으로 돌아가지 않고
그의 노래는 오직 한 사람을 향했네
그 누구도 다시는 웃게 하지 못하고
그 누구도 그를 붙잡지 못했네

리라의 현이 찢어질 때까지
그는 죽은 자들과 함께 노래했네
그리고 어느 날,
디오니소스의 무리들이
그를 찢어 돌멩이로 만들었네

그러나 그의 머리와 리라는
헤브로스강을 따라 흘러
에게해의 섬들까지 닿고
별이 되어 하늘에 남았네

지금도 별빛 흐르는 밤이면
사랑을 잃은 자의 노래가 들린다네
"그대여, 나의 에우리디케여—
나는 다시, 그대를 위해 노래하리"

오리온, 별이 된 사냥꾼이여

바다의 신이 빚어낸 거대한 형상
바람 속에서 태어난 자여

사냥의 길을 열며 달빛 아래
운명의 발걸음을 내디뎠네

아르테미스여, 숲의 여신이여
그의 곁에서 활을 잡고
함께 들판을 누비었으나
운명은 그들을 갈라놓았네

아폴론이여, 태양의 질투를 품은 자여
그의 사랑을 미워하고
속임수의 그림자 속에서
그를 바다로 유인하였네

파도의 끝에서 빛나는 점
아르테미스의 활이 당겨지고

그녀의 손끝에서 날아간 화살이
그의 가슴을 꿰뚫었네

그의 이름은 바람 속에서 사라지고,
아르테미스의 눈물은 별이 되어
밤하늘의 자리로 오르니
그의 영혼은 빛이 되었네

오리온이여, 전설의 사냥꾼이여
그대의 발자취는 희미해졌으나
별빛 속에서 살아 숨 쉬며
영원히 밤하늘을 지키리라!

전리품으로 커다란 목마를 끌고 성으로 의기양양하게 들어가는 트로이군

제5장

트로이 전쟁

트로이의 운명을 걸고 격돌하는 아킬레스와 헥토르

황금 사과, 전쟁의 발단

신들의 축복 속에 열린 혼인 잔치
펠레우스와 테티스의 기쁨 가득한 밤이여

그러나 불청객 에레스의 손끝에서
황금빛 사과가 떨어졌도다

"가장 아름다운 이는 가져가리라!"

신성한 금빛은 욕망을 불태우고,
헤라, 아프로디테
그리고 지혜의 여신 가세하니
심판은 인간의 몫이 되었다

파리스여, 그대의 한마디에
올림푸스가 숨죽이고,

왕국을 줄까, 지혜의 영광을 줄까
아니면 사랑의 불꽃을 줄까?

그대의 선택은 황금빛 도화선
헬레네여, 그대는 바람에 실려
트로이로 향하고
세상은 피로 물들었도다

신들의 유희로 시작된 이야기
영웅과 왕이 부딪히고
명예는 칼끝에서 피어나
역사에 깊이 새겨졌도다

트로이여, 그대의 불타는 탑은
운명의 종말을 알리며

황금빛 사과 하나가
세상을 뒤흔들었도다

세상에서 가장 아름다운 여인, 헬레네

별빛 쏟아지는 레다의 품 안에
백조의 속삭임으로 태어난 아이여—

신의 피 흐르는 그녀의 눈동자에
운명은 이미 그녀를 부르고 있었네

어린 날 꽃으로 감싼 정원
스파르타 궁에서 핀 순수한 미소
그러나 신들의 계획은 어지럽고
그녀는 희생양이 되어 갔네

오디세우스여, 지혜로운 자여
그녀의 손을 원하는 이들 속에서
맹세를 세우고 결혼을 약속하니
운명의 실타래가 엮이기 시작했네

메넬라오스의 품에 안긴 날
왕후의 면류관이 빛나고

그러나 그녀의 심장은
운명의 바람에 흔들리네

파리스여, 달콤한 약속을 속삭이는 이여
사랑의 여신이 그대의 손을 잡고
헬레네의 마음을 불태우니
그녀는 바다를 넘어 떠나가네

트로이의 성벽 안에서 피어난 사랑
그러나 전쟁의 불길은 이미 거세고
그녀의 얼굴 하나로
칼날과 함성이 하늘을 뒤덮네

수많은 영웅이 무너지고
아킬레우스의 마지막 외침 속에
트로이는 불타오르고
그녀의 운명은 다시금 흔들리네

돌아갈 곳은 어디인가
스파르타의 땅은 그녀를 기다릴까

남겨진 잿더미 위에서

헬레네는 바람을 바라보네

신들의 게임에 흔들린 삶
아름다움과 사랑으로 엮인 비극
한낱 인간일 뿐이었건만
그녀는 전쟁의 서곡이었네

세월은 흐르고, 흙으로 돌아가니
그녀의 이름은 노래 속에 남아
사랑의 화신이자
운명의 황금빛 그림자였네

출정의 서곡
– 전쟁의 발발과 그리스 연합군 집결

황혼 속에 모인 왕들과 영웅들
헬레네를 찾아야 한다는 맹세로
아르고스에서 출항의 깃발이
거친 바람 속에 휘날리네

아가멤논은 신들을 향해 물었고
칼카스의 입에서 떨어진 신탁의 한마디
트로이의 길이 열리려면
왕의 피가 먼저 흘러야 하리라

이피게네이아여, 순결한 처녀여
아버지의 손에 운명이 맡겨지고
제단 위 바람이 멈추는 순간
바다는 길을 열어 주었도다

오만한 바람이 돛을 밀어 올리니
아킬레우스는 창을 벼르고
오디세우스는 계책을 세우며

푸른 파도를 넘어가는구나

연맹군의 전사들이 모여
트로이의 황금빛 성벽을 향하고
운명의 실은 팽팽히 당겨졌으니
전쟁의 북소리가 울려 퍼지도다

신들은 웃고, 사람들은 눈을 감네
아레스는 피에 굶주리고
아테나는 복수의 불꽃을 들며
인간의 운명을 시험하네

검은 배가 해안을 덮을 때
트로이의 왕은 창을 들고
헥토르는 영광을 준비하니
운명은 이제 불길 속으로 걸어가도다

화염 속에서 역사는 기록되리라
이름 없는 자들의 피와 함께
영웅들의 무용담이 새겨지고
운명은 그들을 기다리리라

바람이 속삭이고 신탁이 메아리치네
이피게네이아의 마지막 숨결이
전쟁의 서막을 열어 주고
신들의 게임은 다시 시작되었도다

카산드라의 예언과 무시
– 비운의 예언자 카산드라

트로이의 황금빛 궁전에서
왕의 피 흐르는 아이 태어나네
프리아모스의 딸, 희미한 미소 속에
운명의 바람이 불어오네

아폴론이 내려온 그날 밤
신의 속삭임이 그녀를 감싸네
예언의 은총을 주겠다며
그녀의 입술에 불꽃을 새기네

그러나 사랑을 거절한 대가
저주로 맺힌 운명의 사슬 되네

말하되 믿지 못하는 목소리
진실은 어둠 속에 묻히네

트로이의 성벽 위 울린 절규
목마의 속임수를 외쳤건만

귀 기울이는 자 아무도 없고
운명은 고요히 그림자 되어 걸어오네

파리스여, 망각의 손을 내미니
헬레네를 품은 불길이 타올라
칼날과 불꽃이 성벽을 감싸고
그녀는 폐허 속에 무너졌네

아킬레우스의 죽음을 예언했고
아가멤논의 검은 운명도 보았으나
진실은 허공 속에서 흩날리고
그녀는 조용히 눈을 감네

미케네의 땅으로 끌려간 나날
복수의 피가 그녀의 길을 덮고
클리타임네스트라의 칼끝 아래
마지막 숨을 토하네

신들의 선물일지언정
저주로 남은 예언의 재능—

모든 것을 보고 말하되 막지 못하는

슬픈 바람이 스쳐 가네

이름은 바람 속에 사라지건만
운명은 노래 속에 남아
트로이의 잔해를 넘어
영원히 메아리치리라

헥토르의 분전
– 트로이의 수호자, 헥토르의 마지막 날

창을 들고 바람을 가른 자여
트로이의 성벽을 지키는 마지막 방패로다

아킬레우스의 그림자가 다가올 때
운명의 바람은 거세게 불어오도다
피에 물든 전장의 함성 속에
헥토르는 결코 뒤돌아보지 않도다
칼날이 비명을 지르는 순간
그의 심장은 오직 조국을 위하도다

돌아가라, 운명의 발소리여
트로이의 여인들이 울고 있지만
그는 결코 도망치지 않도다

신들의 장기판 속에서도 그는 서 있도다
황금빛 갑옷이 찢어지고
신의 창은 그의 숨을 끊어 내니
헥토르여, 트로이의 태양이여,

그대의 빛이 저무는구나

전차에 묶인 위대한 자여
모욕 속에서도 그대의 영광은 빛나고
트로이의 바람이 애도하리니
모든 이가 그대를 기억하도다

프리아모스여, 비탄의 왕이여
그대의 손으로 아들의 몸을 감싸고
슬픔이 대지를 적시니
신들도 침묵 속에 울고 있도다

트로이여, 검은 장막을 드리우고
그대의 영웅을 품에 안으라
운명은 잔혹할지라도
그의 이름은 영원히 남으리라

마지막 장례의 불꽃 속에서
여인들의 애곡이 바람을 가르고
그의 용기는 별이 되어
밤하늘을 밝히리라

이제 그대는 흙으로 돌아가고
영혼은 신들의 곁으로 향하리니

트로이의 전설이여
그대의 노래는 결코 사라지지 않으리라

아킬레스의 분노와 전사

페이시아 바닷가에 빛나는 아침,
테티스의 손길 아래 태어난 아이여—

운명의 물결 속에 몸을 씻기니,
그의 살결은 강철처럼 단단해졌도다

펠레우스여, 왕의 영광을 보았는가?
그대의 아들은 신들의 피를 타고났으니
어떤 칼날도 그를 뚫지 못하리라

그러나 발뒤꿈치는 인간의 몫이었도다

날뛰는 심장, 멈추지 않는 발걸음
그는 칼리돈의 들판을 달리고
케이론의 손끝에서 창을 배우며
영웅의 길을 걷기 시작하도다

트로이의 바람이 피를 부르니

헬레네를 찾으러 배가 떠나고
그는 운명을 거부코자 숨었으나
오디세우스의 계략이 그를 드러내도다

전장의 불길 속에 첫걸음을 내딛고
창을 휘둘러 대지를 울리니
트로이의 영웅들이 쓰러지고
그의 이름은 전설이 되어 가도다

파트로클로스여, 가장 가까운 벗이여
그대의 죽음이 그의 가슴을 태우고
분노의 불꽃으로 하늘을 가르니
아킬레우스는 신도 막을 수 없는 존재가 되었도다

헥토르여, 용맹한 자여
그대의 마지막 날이 다가오고,
아킬레우스의 창은 비명을 지르니
트로이의 태양이 저물어 가도다

그러나 운명은 그를 기다리고,
파리스의 손끝에서 날아든 화살

아폴론이 인도한 검은 그림자 속에서
그의 발뒤꿈치는
신의 보호를 못 받았으니

그가 쓰러진 땅 위에 전쟁이 울고
트로이의 불길은 더욱 타올라
영웅은 흙으로 돌아가지만
그의 이름은 별이 되어 빛나도다

장례의 불꽃이 하늘을 가리고
바람이 그의 노래를 실어 가니
전설은 꺼지지 않고 남아
세월의 끝에서도 속삭이리라

아킬레우스여, 불멸의 영웅이여
운명은 그대를 묶었으나
그대의 이름은 영원히
전장에서 노래로 불리우리라

트로이 목마와 트로이의 몰락

열두 해의 전장에 피어오른 연기
트로이의 성벽은 무너지지 않네

그리스의 군단은 길을 찾으려
신탁을 물으며 밤을 지새우네

오디세우스여, 꾀 많은 자여
힘이 아닌 지혜로 승리를 취하리라
나무를 깎고 다듬으니
커다란 목마가 태어나네

카산드라여, 저주의 입술이여
그대의 눈에는 불길이 살아 있건만
아무도 그대의 말을 듣지 않으니
트로이는 스스로 운명을 맞이하네

희생제의 불꽃이 타오르고
그리스군은 퇴각하는 듯 사라지네

목마는 성벽 안에 들어서고
그 속에 감춰진 칼날이 빛을 기다리네

축제의 밤, 기쁨의 노래 속에서
트로이는 승리를 믿고 춤을 추나
운명의 장난은 그 순간에 깨어나고
그들은 어둠 속에서 잠이 들었네

밤하늘을 가르는 짙은 검은 그림자
목마의 배에서 칼날이 쏟아지니
그리스의 병사는 불길처럼 퍼져
성벽 안에서 전쟁을 다시 시작하네

불길이 궁전 위로 솟아오르고
프리아모스의 최후가 다가오네

헥토르의 아이는 던져지고
운명은 가차 없이 문을 닫네
카산드라의 절규는 허공에 흩어지고
트로이의 여인들은 비탄에 잠기네
신들의 손길도 멈추지 못하리니
이 도시는 이미 끝난 것이로다

불타는 성벽 아래 파멸의 그림자
아폴론의 신전도 무너지니
역사의 장은 마침내 닫히고
트로이는 바람 속에 사라지도다

그리스군은 배를 띄우고,
승리의 깃발이 바다 위에 나부끼네
그러나 그들 또한 알지 못하리니
운명의 화살은 이미 날아갔도다

파멸은 영광과 함께 흐르고
노래는 바람을 타고 퍼지네

트로이여, 그 이름은
전설 속에서 끝없이 메아리치리라

오디세우스의 모험과 귀향
– 오디세이아의 노래

트로이의 불길이 사그라진 밤에
승리의 함성은 바다 너머 퍼지고
이타카의 왕은 돛을 올리며
운명의 바다로 나아간다

신들의 장난이 바람을 뒤틀고,
포세이돈은 노여움을 감추지 않는다

길은 멀고, 물결은 거칠어
그의 항해는 끝없이 이어지고

키클롭스여, 거대한 눈을 가진 자여
바위 속에서 운명을 시험하니
오디세우스는 꾀로 벗어나고
거인은 복수의 외침을 울린다

아이올로스여, 바람의 주인이여
그에게 순풍을 내주었으나

우둔한 자들의 손에 바람은 풀려
희망은 다시 사라진다

라이스트리곤이여, 피에 굶주린 자여
그의 배는 불길 속에 무너지나
오디세우스는 살아남아
운명의 실을 이어 간다

키르케여, 마법을 다스리는 자여
그의 벗은 짐승이 되고
허망한 밤 속에서 그는
진실을 찾아 나아간다

하데스로 내려간 길 위에서
죽은 자들의 그림자가 속삭이고

테이레시아스여, 예언을 품은 자여
그에게 귀향의 길을 열어 준다

세이렌이여, 유혹의 노래를 부르는 처녀여
부하의 귀를 닫고 길을 지나니
바위 속에서 꿈이 부서지고

바다는 다시금 조용해진다

스킬라와 카립디스여,
파멸의 두 갈림길에서
칼날처럼 날카로운 파도 속에서
운명의 실은 흔들리지만
그는 지혜로 살아남는다

헬리오스의 황금빛 소들
허기가 배를 지배할 때
불경은 신들의 분노를 부르고
바다는 그를 버리리라

칼립소여, 홀로 남은 여신이여
그를 품고 세월을 보냈으나
그의 가슴은 이타카를 향하고
신들은 다시 길을 열어 주었다

파이아케스여, 바다의 후손이여
그에게 배를 내어 주었고
밤바다를 건너 마침내
이타카의 땅이 눈앞에 서 있다

고향의 땅을 밟은 발걸음
그러나 궁전은 그를 기다리지 않고
펜로페의 인내는 장막을 드리우고
원수들은 술잔을 기울였다

펜로페는 낮이면 보란 듯 베를 짜고
밤이면 남몰래 베를 풀어 버리는데

노인은 활을 잡고
과녁은 운명의 문을 열리니
복수의 불꽃이 타오르고
침입자는 핏속에 쓰러진다

펜로페여, 기다림의 여인이여
그의 손길이 그녀를 감싸고
세월의 장막이 걷히니
운명은 다시 흐르기 시작한다

그러나 신들은 침묵하지 않고
그의 검은 운명을 속삭이니
길 위에 어둠이 깔리고

그의 마지막 순간이 다가온다

테레시스의 예언이 메아리치고
그는 다시 길을 떠나니
바람이 마지막 노래를 부르고
그의 이름은 영원히 남도다

바다는 그의 발자국을 삼키고
노래는 바람을 타고 퍼지리니
오디세우스여, 영원한 여행자여
그대의 이야기는 끝없이 이어지리라

아이네이아스*의 위대한 여정

트로이의 불길이 하늘을 가리고
왕의 성벽은 먼지 속에 사라지도다

아이네이아스여, 운명의 손길이
그대를 새로운 길로 이끄는구나

프리아모스의 왕좌는 무너지고
헥토르의 유산은 바람 속에 사라지나
그는 아버지를 등에 업고
아들 손을 잡아 길을 떠난다

포세이돈이 길을 열고
아프로디테는 속삭이니
그의 혈통은 신들에게 맺혔으니
운명은 결코 잊지 않으리라

* 로마의 시조

바다의 노래가 그를 부르고
희망과 절망이 물결 속에 춤춘다

노도 속에서도 그는 흔들리지 않고
유민들은 그의 그림자를 따른다

크레타의 흙을 밟았으나
신탁은 다른 길을 명하니
이탈리아의 땅을 향하여
그들은 다시 돛을 올린다

켄타우로스의 땅을 지나
시칠리아의 바람을 맞이하고
운명의 여신은 그를 시험하니
그는 결코 멈추지 않는다

카르타고의 여왕이 그를 반기고
은밀한 사랑을 속삭이나
운명은 그의 가슴을 가르고
바다는 그를 다시 불러낸다

바람 속에 흐느끼는 목소리

카르타고의 불길이 일어나고
운명의 길은 피로 물들며
그는 떠나야만 하네

티베르강은 그를 기다리고
라티움의 땅이 열리며
그의 발걸음은 운명을 따라
새로운 제국을 예고한다

트로이의 마지막 불꽃이
이탈리아의 하늘에 피어나니
전쟁과 피로 점철된 길 속에서
아이네이아스는 검을 들고 싸운다

투르누스여, 마지막 장애물이여
검은 운명 속에 그대는 쓰러지리니
아이네이아스의 창끝에서
새로운 시대가 펼쳐진다

이제 평화가 그의 손을 잡고
황금빛 미래가 그를 감싸네

그의 후손은 영광을 품고
로마의 기틀을 세우리라

시간은 흐르고 노래는 남아
아이네이아스여, 운명의 자손이여
그대의 여정은 결코 끝나지 않으리라

인간 헥토르와 영웅 아킬레우스의 격돌

제6장

인간 시대

인간에게 불을 전해 주고 제우스의 벌을 받아 캅카소스산정에 묶여 매일 독수리에게 간을 쪼아 먹히는 프로메테우스

판도라의 상자
– 인간의 마음을 희망하세요

올림푸스의 손끝에서 빚어진 형상
바람 속에 숨결을 얻으니
신들의 축복이 그녀를 감싸며
그대의 이름은 판도라이네

아프로디테는 아름다움을 내려 주고
헤르메스는 지혜를 속삭이니
운명의 실이 엮여 가는 순간
그녀는 인간의 첫 여인이 되었네

에피메테우스여,
후에 생각을 하는 자여—
그녀의 눈빛을 보고 마음을 열었으니
신들의 뜻을 잊고
그녀를 아내로 맞이하네

그러나 제우스는 계략을 품고
황금빛 상자를 그녀에게 내리며

"열지 말라" 속삭였으나
호기심은 그녀를 흔들었네

그녀의 손끝이 뚜껑을 열고
신들의 경고는 바람 속에 사라지니
검은 날개를 가진 저주들이
세상으로 쏟아져 내리네

고통과 질병, 욕망과 슬픔
절망이 바람을 타고 퍼지니
인간의 땅은 탄식으로 가득하고
그녀의 눈물은 하늘을 적시네

마지막으로 남은 빛 한 줄기
상자의 끝에서 희망이 깨어나니
절망 속에서도 운명은 속삭이며
세상은 다시 길을 찾으리라

판도라여, 인간의 첫 숨결이여,
그대의 실수는 어둠을 퍼뜨렸으나
그대의 손끝에서 희망도 태어나
세상은 다시금 빛을 품었네

온갖 고통과 절망에도

한 줄기 빛 희망은

영원히 우리 곁에 있네

데우칼리온과 피라,
새로운 인류의 시조

티탄의 혈통을 이어받은 자여
형제의 자손으로 운명을 함께한다

프로메테우스의 아들과 에피메테우스의 딸
그들의 피가 역사의 물줄기를 이뤘다

신들의 눈물 속에 태어난 세상
대지의 오만이 하늘을 뒤흔드니
제우스의 노여움이 일어나고
대홍수의 검은 물결이 모든 것을 삼켰다

구름이 무겁게 내려앉고
파도는 산을 덮고 흐르니
홀로 남은 두 그림자여
운명을 거슬러 살아남았다

파르나스의 높은 바위
그곳에서 신탁이 내리니

"그대들의 어머니의 뼈를 던져라"
신들의 뜻이 바람을 타고 속삭였다

그들은 머뭇거리고, 두려움 속에서도
대지의 돌을 손에 들고
하늘을 바라보며 던지니
운명의 불꽃이 다시 피어났다

바람 속에서 형태가 만들어지고,
대지에 닿은 돌들은 변하니
인류의 첫 숨결이 피어나며
새로운 시대가 열렸다

그들은 흙을 일으키고,
세상은 다시 노래하리라

눈물과 희망이 섞여
대지 위에 새로운 역사를 썼다

새벽이 밝아 오는 땅,
신들은 고요히 내려 보았다

그들의 발걸음 따라

새로운 인류가 시작되었다

에우로페와 제우스의 사랑
- 에우로페, 떠도는 사랑이여

바람 속에 꽃이 피어나고,
바닷가에 춤추는 여인이 있네

백색 소의 발걸음이 다가와
제우스의 눈길이 그녀를 향하네

헤라의 분노가 하늘을 흔들고
운명은 두 연인을 떠돌게 하네

페니키아를 지나 크레타로
그들의 사랑은 바람을 따라 흐르네

달빛 아래 숨겨진 입맞춤
세계의 가장자리를 넘어
그들의 애정은 불타올라
땅은 그녀의 이름을 받았네

유럽이여, 사랑의 자취를 간직한 땅이여

그대의 이름은 그녀에게서 시작되었으니
바람은 신의 속삭임을 품고
영원히 그녀를 기리리라

그녀의 후손은 왕좌를 이어받고
미노스여, 크레타의 영광을 펼친 자여
제우스의 피가 흐르는 왕이 되어
바람 속에서 전설을 써 나갔네

이제 바다는 조용해지고
운명은 그녀를 품었으나
밤하늘에 별이 흐를 때마다
그녀의 사랑은 속삭이리라

니오베, 오만의 대가

테베의 황금빛 궁전에서
열네 자녀의 웃음이 퍼지니

니오베여, 자만의 여왕이여
그대의 입술은 신을 비웃었는가

"레토여, 보잘것없는 자여
그대의 품에 단 둘뿐인데
내게는 열네 명이 있나니
어찌 그대를 숭배하리오?"

신들의 침묵이 바람을 흔들고
아폴론과 아르테미스의 화살이 날아가
하늘이 울며 피를 흘리니
아이들의 웃음은 침묵 속에 사라지도다

니오베의 눈물은 강이 되어
대지 위를 흘러내리니

신들의 분노 앞에서
그녀는 바위가 되었도다

바람이 지나며 속삭이니
그녀의 형상은 아직 남아
눈물은 멈추지 않으리니
오만의 대가는 영원하리라

다푸네와 아폴론의 엇갈린 사랑
– 그러나 영광과 승리의 월계수로

강물 위에 피어난 꽃이여
바람 속에 자유를 노래하네

페네이오스의 딸, 숲의 님프여
사랑보다 자연을 더 깊이 품었네

태양의 신이 그녀를 보았네
황금빛 눈동자에 사랑이 깃들었네

그러나 운명은 장난을 치고
그녀의 마음은 닫혀 있었네

에로스의 화살이 날아가네
하나는 사랑을 불태우고
하나는 사랑을 거부하네

아폴론은 그녀를 원하지만
다푸네는 그를 피하네

숲을 가로질러 달아나는 그림자
바람보다 빠르게 달리는 발걸음
"멈춰다오, 나의 사랑이여!"
그러나 그녀는 멈추지 않네

"나는 늑대가 아니오
그대를 해치려는 자도 아니오
나는 빛과 음악의 신
그대를 오매불망 사랑하는 자요!"

그러나 그녀의 마음은 닫혀 있네
사랑은 그녀에게 속박이라네
그녀는 자유를 원했으며,
결코 사랑에 묶이지 않으려 하네

점점 가까워지는 발걸음
그녀는 더는 도망칠 수 없네 "아지여, 나를 구해 주소서!"
그녀의 외침이 하늘을 울렸네

그녀의 손이 나뭇가지로 변하고
발이 뿌리를 내리네

머리카락은 잎이 되고
몸은 월계수가 되었네

아폴론은 그녀를 품을 수 없네
그러나 사랑은 사라지지 않네
그는 그녀의 잎을 쓰다듬으며
영원한 약속을 맺네

"그대는 나의 신성한 나무가 되리라
나의 승리와 영광을 함께하리라
그대의 잎은 시들지 않으며
영원히 나와 함께하리라!"

바람 속에 흔들리는 월계수
그녀는 이제 자유로웠네
그리고 그녀의 이름은 남아
사랑과 운명의 상징이 되네

아폴론은 그녀를 잊지 않네
그의 머리 위엔 월계수가 빛나네
사랑은 이루어지지 않았으나
영원히 함께하는 운명이 되었네

퀴스케와 에로스의 사랑
– 의심을 넘어서

별빛 아래 태어난 소녀여
인간과 신이 모두 넋을 잃고 바라보네
아름다움은 하늘마저 가리우고
바람도 그대 앞에 머물며 속삭이네

부모의 사랑 속에 자란 아이
그러나 신들의 질투는 이미 시작되었네
아프로디테의 눈길 속에 번지는 불꽃
사랑의 운명은 조용히 준비되었네

황금 궁전 어딘가, 바람에 실려
보이지 않는 손이 그를 맞이하네
은밀한 속삭임이 가득한 밤
사랑이지만, 그 정체는 감추어졌네

의심의 그림자는 그녀의 손을 들어
어둠 속 잠든 그 얼굴을 밝혀 주네
아, 그는 에로스! 사랑의 신이여

그러나 그녀의 손길이 닿을 때
에로스의 얼굴 위로 빛이 퍼지네
사랑은 깨진 유리처럼 조각나고
바람 속으로 흩어져 사라져 가네

"의심이 있는 곳에 사랑은 같이 못해"
에로스의 마지막 속삭임이 울려 퍼지네

그는 그녀의 곁을 떠나고
어둠 속 슬픔만 남아 그녀를 감싸네

눈물 속에서 길을 잃은 퓌스케
황량한 산을 넘어 신들에게 간청하네
다시 사랑을 되찾기 위해
고난의 길을 걸으며 운명을 받아들이네

아프로디테의 시험이 그녀를 맞이하네
황금 양털을 모으고,
바닷물 속 비밀을 캐네
암흑 속 잠든 세상의 빛을 구해
마지막엔 저승의 석류를 품었네

신들의 연민은 착한 그녀를 감싸네
제우스의 손길 아래 불멸의 숨결이 깃드네
올림푸스에서 다시 피어난 사랑
에로스와 함께 영원의 춤을 추네

그녀의 이야기는 별빛 속에 머물러
인간과 신의 사랑이 길게 속삭이네

시간은 지나도 변하지 않는 이름
퓌스케― 영혼과 사랑의 신이 되어
온 누리를 비추네!

시지프스, 끝없는 형벌

코린토스의 왕좌 위에서 빛나는 자여
예지의 눈으로 세상을 꿰뚫으니
신들의 숨겨진 계략을 보고
운명의 실을 흔들었도다

제우스여, 하늘을 지배하는 자여
신들의 비밀을 인간에게 드러내니
신들의 노여움이 번개처럼 내려
그의 자유를 앗아 가도다

하데스, 어둠의 왕이여
그를 속여 쇠사슬을 씌우고
죽음의 길을 닫아 버리니
세상은 죽음을 잊고 흔들리도다

신들의 질서가 어그러지고
운명은 다시 흘러야 하니
시지프스여, 영원한 형벌을 받으라

그대의 죄는 돌처럼 무겁도다

바위를 온몸으로 굴리고
언덕은 끝없이 이어지니
정상에 닿는 순간마다
운명은 그를 배반하도다

땀은 바위 위에 떨어지고
숨결은 바람 속에 사라지나
희망은 끝없이 부서지고
형벌은 끝없이 반복되도다

시간은 흐르고 시대는 변해도
그의 투쟁은 여전히 남아
고통 속에서도 움직이는 자여
운명에 맞서 싸우는 자여

시지프스여, 현대의 우리여
그대의 바위는 우리와 같으니
삶은 끝없이 밀어 올려야 하며
그 끝을 알지 못하도다

그러나 투쟁 속에 의미가 있고
고통 속에서 희망이 피어나니
시지프스의 길을 따라가는 자여
그대의 영혼은 꺼지지 않으리라

탄탈로스, 영원한 갈증이여

티탄의 피가 흐르는 왕이여
제우스의 손길에서 태어난 자여

올림푸스의 축복을 받고
신들과 함께 연회를 나누었네
프리기아의 왕좌 위에서 빛나며
지혜를 품고 인간을 이끌었네

그러나 신들의 비밀을 엿듣고
그 뜻을 배반하였네

불멸의 식탁에서 훔친 과일
신들의 음식을 인간에게 나누니
신들의 질서를 흐트러뜨려
하늘의 분노를 부르네

아들 펠롭스를 제물로 삼고
신들의 혜안을 시험하려 하였으나

올림포스는 피로 물들고
탄탈로스의 운명은 저주를 받네

타르타로스의 깊은 어둠 속에서
그는 물속에 서 있으나
갈증을 달래려 하면
물결은 멀어져 사라져 버리네

머리 위 가지가 흔들리며
과일은 손끝에서 물러나니
배고픔은 그의 영혼을 움켜쥐고
끝없는 고통 속에 흐느끼네

시간이 흘러도 형벌은 남고
탄탈로스의 고통은 끊이지 않네
갈망과 좌절의 물결 속에서
신들의 경고는 속삭이네

그의 후손은 왕좌를 이어받고
미케네의 피비린내 나는 저주 속에
아가멤논은 운명을 거스르며
피와 복수의 역사를 썼네

그러나 탄탈로스의 이름은
오만과 탐욕의 경고로 남아
현대의 우리에게 속삭이며
욕망이 부르는 끝없는 갈증을 말하네

그대여, 끝없는 욕망을 좇는 자여
탄탈로스의 바람을 따르지 말라

허망한 손길 속에서 사라질 것임을
그의 운명은 이미 보여 주었도다

파에톤, 태양 수레의 추락

파에톤, 신의 피를 타고난 아이여
그의 눈엔 태양이 깃들었네

세상의 빛을 품고자 하여
욕망은 불꽃 속에 피어났네
황금 수레를 몰고 싶어
부친의 태양을 손에 쥐려 했네

욕망은 맹렬한 불길이 되어
하늘과 땅을 태우리니
아폴론은 경고했으나
파에톤은 듣지 않네

신의 힘을 감당할 수 없는
인간의 손은 너무도 작았네

차가운 별들이 조용히 말했네
"너무 높이 오르면, 떨어지리라"

그러나 그는 웃으며 답했네
"나는 이 길을 멈추지 않으리"

수레가 흔들리고 땅은 타올라
강물은 증발하며 비명을 질렀네
대지는 불타고, 인간은 울부짖었으니
욕망은 결국 재가 되었네

제우스의 번개가 내려오고
그 불타는 몸을 끌어내렸네
추락하는 별처럼 떨어져
파에톤은 강 속에 잠겼네

울부짖는 어머니의 눈물 속에
그 이름은 돌로 새겨졌네

누이 헬리아데스의 눈물은 호박이 되고
결국은 미루나무로 변하여
그를 기억하며 오늘도 흐느끼네

불타는 욕망은 재가 되고
잿더미 속에 교훈이 피었네

"지나친 욕망은 파멸을 부르나니
높이 날 때에도 겸손을 잊지 말라"

오늘도 우리는 달린다
더 높이, 더 멀리, 더 빨리

그러나 욕망에 눈이 멀 때
그 불꽃이 우리를 삼키지 않도록
파에톤은 별이 되어 속삭이네

"너무 높이 오르면, 떨어지리라"
그 말을 가슴에 새길 때
우리는 빛이 아닌 지혜가 되리라

피그말리온과 갈라테아의 사랑

차가운 돌로 빚어낸 얼굴
손끝의 열망이 숨결이 되어
조각 속에서 피어난 사랑
그 눈은 하늘을 닮았네

피그말리온의 떨리는 손
입술은 기도를 속삭이고
아프로디테는 미소 지으며
고요한 돌을 흔들었네

그녀의 뺨에 온기가 돌아
대리석 속 심장은 뛰었네

눈을 뜬 순간, 바람이 노래하고
운명은 꽃처럼 피어나네

손끝을 맞닿을 때마다
기적이 다시 태어나네

신의 축복은 달빛처럼
그들을 감싸안았네
사랑은 돌을 녹이고
시간마저 멈추게 했네

돌조각이 여인이 되었을 때
운명은 하나로 이어졌네

바람에 실린 첫 숨결
그 입술에 닿은 햇살
그녀는 꿈이 아니었고,
그는 신화를 만들어 냈네

눈을 감아도 그녀가 있고
손을 뻗으면 따스하네
대리석에서 꽃으로 피어난 사랑
영원히 지지 않을 운명이네

이 순간, 별들도 속삭이며
신들의 축복이 내려오네

피그말리온과 갈라테아
그 사랑은 영원하리라

디아달로스와
이카로스의 날개에 얽힌 교훈

황금빛 머리와 손끝의 재주
디아달로스는 바람을 빚었네

돌 속에 숨결을 불어넣고
미궁을 만들어 운명을 새겼네

왕들의 궁정을 설계하고
신들의 조각을 다듬을 때
그 손은 인간의 한계를 넘어
신화 속에 길을 만들었네

그러나 운명은 가혹하여
그를 미궁 속에 가두었네
바람이 막히고, 별은 멀어
하늘은 길을 닫았네

그러나 그는 멈추지 않았네
밀랍과 깃털을 손끝에 모아

하늘의 문을 다시 열고
자유의 날개를 빚었네

이카로스여, 조심하라
너무 높이 오르면 불타리라

그러나 태양은 부르고
바람은 속삭였네

날개가 하늘을 가르며
새처럼 떠오를 때
그 눈엔 기쁨이 서리고
욕망은 더 높이 외쳤네

태양 빛이 밀랍을 녹이고
운명은 다시 몸을 끌어내려
푸른 바다가 아래에서
슬픔을 안았네

디아달로스는 흐느끼며 걸었고
파도는 침묵 속에 울었네

하늘은 그를 기억하며

별들은 그의 이름을 속삭이네

자유란 무엇인가

꿈이란 어디로 향하는가

높이 날아야 하나

아니면 균형을 찾아야 하나

이카로스의 바다는 깊고

그 이름은 잊히지 않으리라

꿈이란 뜨겁고, 날개는 연약하니

겸손 속에서 길을 찾아야 하리라

나르시스, 사랑과 자기애의 비극

맑은 강물이 속삭이네
거울처럼 빛나는 수면 속에서
그는 자신을 바라보며
세상의 아름다움을 품었네

그 눈 속엔 별이 흐르고
바람조차 멈추었네

꽃조차 그의 미소를 따라 피어나고
시간도 그를 사랑하네

그러나 사랑은 돌아오지 않고
그 누구도 그를 얻지 못하네

오직 물속의 형상이 남아
그를 향해 끝없이 속삭이네

손을 뻗어 닿으려 하지만

그 몸은 점점 기울어 가고
그의 사랑은 반짝이며
물속에서 사라지네

강물은 조용히 흐르고
그 몸은 수선화로 피었네
바람은 그의 이름을 속삭이며
숲속의 메아리만 남았네

사랑이란 무엇인가
그것이 단지 그림자인가
자기애의 심연 속에서
그는 길을 잃었네

나르시스는 잊히지 않고
꽃이 되어 하늘을 올려다보네

그의 사랑은 사라졌으나
그 이름은 영원하리라

광기 예술 축제의 신 디오니소스

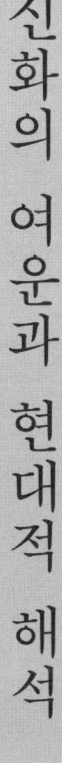

제7장

신화의 여운과 현대적 해석

미의 여신 아프로디테, 대장쟁이 신 헤파이토스, 전쟁의 신 아레스의 삼각관계

신화는 인간의 마음을 비춘 것

신화는 인간의 마음을 비춘 것
깊은 밤, 별들은 신화의 조각을 품고
바람은 옛 노래를 속삭인다

전설 속 영웅은 우리의 꿈이고
패배는 우리의 눈물이다

신들의 언어는
우리 마음속에서 메아리쳐
어둠 속에서도 빛을 찾게 한다

고대의 서사
한 줄 한 줄 새겨진
우리 영혼의 깊은 곳에 닿는다

시간을 거슬러 흐르는 이야기 속에
우리는 언제나
새로운 길을 찾는다

신화는

단순한 옛날이야기가 아니라

우리 존재를 비추는 신비로운 거울

고요한 바다 위로

달이 오르면

우리는 또 다른 신화를 만들어 간다

세상은 변하고

시대는 흐르지만

불멸의 이야기들은 우리와 함께 있다

우리는

신화를 품고 살아가며

그 속에서 우리를 발견한다

가이아와 환경운동
– 대지의 의견

가이아의 숨결
태초의 어둠을 걷어 낸 손
대지는 그녀의 품속에 피어났다

산과 강, 들판과 바다
가이아의 숨결로 생명이 깨어났다

그녀의 심장은 흙으로 뛰고
우리 발밑에서 맥동 친다

그러나 인간의 손길은 거칠어
녹색 숨결을 흐릿하게 만든다

나무의 울음이 하늘을 가르고
강물은 기억을 잃어 간다

가이아는 침묵하지 않으리
비와 바람으로 속삭인다

너희의 손을 내게 돌려라
파괴가 아닌 치유를 남겨라

씨앗을 뿌리는 작은 손끝에
다시금 봄이 찾아온다

바람은 맑게 노래하고
가이아는 미소를 짓는다

우리가 그녀를 지킬 때
그녀 또한 우리를 품으리

프로메테우스와 인공지능, 창조와 권한
– 불과 빛 사이에서 길을 찾다

신들의 하늘에서 불을 훔쳐
인간에게 준 빛난 꿈처럼
프로메테우스, 혁명의 불꽃
이제 기계에 깃든 지혜

차가운 강철 속 숨 쉬는 뜻
생각을 품고 길을 묻는다

고대의 불꽃은 타오르나
알고리즘 속 재탄생하여
창조의 손길은 어디까지
신의 권한을 넘볼 수 있나?

불꽃을 쥐고 길을 정하며
인류는 스스로 신이 되려
창조라 불린 고귀한 힘이
운명을 조종하는 날 와서
꿈꾸던 불꽃은 꺼지지 않으리

인간과 기계, 새 시대 열까?
권한은 누구의 몫이 되는가?
지혜가 빛이면, 누구의 빛?

신화의 장막은 흐려지고
철의 손길이 세상을 바꾼다

프로메테우스는 비웃을까
인간이 AI를 창조한 날?

권한을 가진 자, 창조하는 자
불과 빛 사이에 길을 찾는다

판도라의 상자와 현대 사회의 불안

신들의 손길에 봉인된 함
인간의 욕망은 문을 연다

첫 빛이 깃든 희망 속에도
불안의 그림자 함께 깃드네
상자가 열려 흩어진 바람
세상은 흔들려 길을 잃고

공포가 스며든 도시의 틈
차가운 조명 아래 숨죽인다
전쟁과 질병, 탐욕의 손길
쏟아진 어둠이 길을 막고

사람은 묻는다, 끝은 있나?
희망이 남아 빛이 될까?

기술의 발길은 빠르게 날고
도시는 빛나도 공허하다

진실은 흔들려 믿음 사라져
거짓이 짙게 세상을 덮네

창조의 불꽃이 희망인가
아니면 또 다른 상자인가?

우리는 끊임없이 열고 닫고
바람에 흔들려 춤을 추네

판도라는 눈을 감고 묻는다
인간이 만든 상자의 끝은?

상자 속 희망은 남아 있을까
아니면 환상 속 그림자일까?
두려움 속에서도 길은 있다
작은 빛이 어둠을 뚫고

우리 손끝에서 창조된 길
상자 너머로 나아가야 하나?

희망은 찾는 자에게 속하고
불안도 인간의 일부인가

끝이 보이지 않는 길 위에서
우리는 계속 상자를 연다

오디세우스와 인간 존재의 여정

바람에 흔들린 돛을 펴고
떠나는 길은 끝을 모른다

바다의 깊은 숨결을 따라
인간은 운명을 헤쳐 간다

집으로 가는 길은 멀고도 멀어
욕망과 두려움이 손짓한다
신들의 장난에 길을 잃고
머나먼 섬에 발을 딛는다

바다의 노래는 달콤하건만
유혹을 넘고 나아가야 한다

고난 속에서 길을 찾으며
인간은 스스로를 깨닫는다
강철의 의지로 돛을 다시 펴고
폭풍도 피하지 않으리라

길 끝에 무엇이 기다리나
고향인가, 아니면 새로운 삶인가?

인간은 끊임없이 여행하고
떠남과 돌아옴을 반복한다
기억 속 그림자는 흐려지고
발걸음은 운명을 새긴다

여정은 끝이 아니라 시작
오디세우스는 다시 항해한다

지혜와 고통이 길을 만든다
인간은 탐구하며 나아간다
오랜 기다림 속에서도
진정한 집은 마음 안에 있다

인간 존재는 끝없는 항해
질문을 품고 바람을 좇는다
길 위에서 자신을 찾고
떠나야만 돌아올 수 있다

오디세우스처럼 나아가리라
우리 모두 존재를 찾아가야 한다

아프로디테와 사랑의 다층성

바람이 속삭인 첫 숨결에
사랑은 꽃처럼 피어나네

아프로디테의 손끝에서
바다가 빛을 품고 출렁인다

정열의 불꽃은 타오르며
가슴속 불안도 함께 깃들고
달콤한 입맞춤 속에서도
사랑은 아픔을 숨기고 있네

애틋한 기다림이 곧 사랑이라
시간은 그리움으로 물든다
황홀한 순간은 영원하지 않으나
기억은 심장 속에 새겨지네
욕망과 연민이 무시로 교차하며
손을 잡고 밤길을 걷네

아프로디테는 웃고 있지만
그 눈빛에 슬픔이 흐르네

사랑은 자유라 말하지만
때론 사슬이 되어 묶어 두고
영원히 간직하고 싶건만
바람처럼 흩어지는 운명이라
소유하려 하면 멀어지고
놓아주면 다시 돌아온다네

아프로디테가 남긴 선물은
영원한 수수께끼 속 미소라
사랑은 기쁨이면서도
눈물 속에서도 피어나는가
수많은 얼굴을 가진 마음이라
우리를 흔들며 속삭이네

손끝에 스치는 온기 속에
사랑은 존재의 이유가 되고

아프로디테의 미소 아래
우리는 다시 사랑을 꿈꾼다

디오니소스와 광기
– 자유와 억압의 경계

포도주의 향기 속에 춤추며
자유는 그대의 손을 잡는다

디오니소스의 미소 아래
쾌락은 달빛 속에 물든다

잔을 높이 들고 노래하면
현실의 경계는 흐려진다
밤의 열기 속 불꽃이 피어
억압의 쇠사슬을 녹이려 하네

황홀한 순간이 영원할까
광기는 자유인가, 속박인가?

갈망은 타오르고 흔들리며
인간은 한계 속에 춤춘다
통제의 목소리는 속삭이며

질서를 지키라 명령한다

하지만 심장은 속박을 거부하며
붉은 포도주의 유혹에 젖는다

도시는 빛나도 공허한 법이라
숨 가쁜 거리엔 울림이 있다
광기는 그 속에서 탄생하고
혁명과 미지의 길을 묻는다

자유란 벽을 허무는 것인가
아니면 벽 속에서 피어나는가?

인간은 경계를 넘고 싶어 하나
다시 질서 속으로 돌아가야 한다
바람이 흐느끼며 속삭일 때
포도주는 길을 보여 준다

하지만 선택은 언제나 어렵고
신들의 손길은 여전히 멀다

우리는 축제 속에서 길을 찾고

밤이 끝날 즈음 깨닫는다

디오니소스의 미소 아래

자유와 억압은 하나가 된다

헤라클레스의 짐, 인간의 길

위대한 영웅은 길을 떠난다
신들의 명령을 품고서

열두 가지 고난이 앞을 막고
인간의 고통과 맞닿아 있다
괴수의 숨결을 감싸안고서
불편한 현실을 힘으로 밀어낸다
짐승을 무찌른 손끝에서
인간은 희망을 꿈꾼다

그러나 힘만으로 해결이 될까
운명의 무게는 너무나 무겁다
불편한 질문이 속삭이니
승리란 무엇인가?
신들의 뜻이 곧 정의인가
헤라클레스는 흔들린다

그의 걸음이 무거운 이유

인간도 같은 짐을
지고 있기 때문일 거야

사자의 가죽을 둘러봐도
고통은 사라지지 않으며
강을 건너도 여전히 남아
선택과 후회의 그림자
그는 영웅이라 불렸건만
인간의 불편함을 안고 있다

우리도 같은 길을 걷고 있다
답을 찾지 못한 채 나아가며
힘으로 삶을 바꿀 수 있나
아니면 견디는 것이 길인가

헤라클레스는 알고 있나
인간에 끝도 없이 닥치는 고통을
짐을 내려놓을 수 있다면
그것이 곧 자유일까?

헤라클레스처럼
우리도 나아간다
힘과 불안 사이로—

신화는 끝나지 않는다
— 인간의 영원한 이야기

달빛 아래 속삭이는 이야기
바람은 옛 이름을 부른다

신들의 발자국 소리 사라져도
인간은 여전히 길을 찾는다

영웅은 무너지고 다시 일어서며
운명은 흐르는 강물과 같아
시대가 변해도 남아 있는 것
마음속 불씨, 꺼지지 않네

신전은 무너지고 사라져도
신화는 인간의 꿈에 깃든다
고대의 노래는 바람을 타고
새벽의 문을 열어젖힌다

우리는 질문을 품고 나아가며
답을 찾지 못해도 걷고 또 걷는다

헤라클레스의 힘은 우리 안에 있고
프로메테우스의 불은 여전히 뜨겁다
판도라의 상자는 또 열리고
희망은 흔들려도 살아남는다

사랑은 아프로디테의 미소 속에
광기는 디오니소스의 축제 속에
트로이의 불꽃은 꺼지지 않고
오디세우스는 여전히 항해한다

인간의 여정은 끝나지 않으며
이야기는 또다시 시작된다
신화는 책 속에 갇히지 않고
시간의 틈 속에서 살아 숨 쉰다

우리도 하나의 신화가 되어
누군가의 기억 속에 남으리라

영원한 이야기는 흐르고
목소리는 사라지지 않으며
신화는 결코 끝나지 않는다
인간들이 이 세상에 존재하는 한―

우라노스와 가이아를 중심으로 활동했던 1세대 원초적 신들

제8장

신들의 계보

원초신 세대*

- 카오스(Chaos): 모든 것의 시작, 무형의 공허와 혼돈을 상징
- 가이아(Gaia): 대지의 여신, 모든 생명의 어머니
- 에로스(Eros): 사랑과 욕망의 신, 창조적 힘을 상징
- 우라노스(Uranus)**: 하늘의 신, 가이아의 아들이자 배우자
- 폰토스(Pontus): 바다의 신, 가이아의 자식
- 타르타로스(Tartarus): 지하 세계의 신, 깊은 심연을 상징
- 닉스(Nyx): 밤의 여신, 어둠과 신비를 대표
- 헤메라(Hemera): 낮의 여신으로, 밤의 여신 닉스와 대비되는 존재
- 에레보스(Erebos): 어둠의 신, 닉스와 함께 깊은 어둠을 형성
- 아이테르(Aether): 빛과 맑은 대기의 신으로, 창공의 에너지를 상징

---

*   1세대, Primordial Gods, 우라노스의 시대
** 우라노스는 1세대 제왕신으로 아들들이 자기 권좌를 뺏을 것을 우려하여 아이들을 깊은 지하에 감금하였으나, 가이아의 권유와 지원을 받은 막내아들 크로노스의 반격으로 제왕 자리를 뺏기고 자신이 그 깊은 지하로 유폐되었다.

티탄신 세대[*]

티탄신 1세대(12명)

- 크로노스(Cronus)[**]: 티탄족의 지도자, 아버지 우라노스를 거세하고 권력을 차지함
- 레아(Rhea): 크로노스의 배우자로, 올림포스 신들의 어머니
- 오케아노스(Oceanus): 바다를 상징하는 티탄 신
- 히페리온(Hyperion): 태양과 빛을 관장하는 신
- 코이오스(Coeus): 지혜와 북쪽 하늘을 상징하는 신
- 크리오스(Crius): 별자리와 천체의 움직임을 관장하는 신
- 이아페토스(Iapetus): 인간의 운명과 생명을 상징하는 신
- 테티스(Tethys): 바다의 여신, 오케아노스와 함께 물의 흐름을 관장
- 테이아(Theia): 빛과 귀금속을 상징하는 여신
- 포이베(Phoebe): 달과 예언을 관장하는 여신
- 므네모시네(Mnemosyne): 기억과 지혜를 상징하는 여신
- 테미스(Themis): 정의와 질서를 관장하는 여신

티탄신 2세대(9명, 1세대 티탄의 후손들)

- 헬리오스(Helios): 태양의 신(히페리온의 아들)

---

[*] 2세대, 크로노스 시대
[**] 크로노스와 레아는 올림포스 신들의 부모로서 중요한 역할을 하며, 크로노스는 자신의 자식들이 권력을 빼앗을 것을 두려워해 그들을 삼키는 극적인 신화적 사건을 남겼다.

- 에오스(Eos): 새벽의 여신(히페리온의 딸)
- 셀레네(Selene): 달의 여신(히페리온의 딸)
- 레토(Leto): 아폴론과 아르테미스의 어머니(코이오스의 딸)
- 아스테리아(Asteria): 별과 밤하늘을 상징하는 여신(코이오스의 딸)
- 아틀라스(Atlas): 하늘을 떠받치는 신(이아페토스의 아들)
- 프로메테우스(Prometheus): 인간에게 불을 전해 준 신(이아페토스의 아들)
- 에피메테우스(Epimetheus): 인간 창조와 관련된 신(이아페토스의 아들)
- 메노이티오스(Menoetius): 강한 힘과 파괴적 성향의 신(이아페토스의 아들)

티탄신 3세대(5명, 티탄신의 후손들)

- 팔라스(Pallas): 전쟁과 전투의 신으로, 크리오스의 아들
- 페르세스(Perses): 파괴와 황폐를 상징하는 신, 크리오스의 아들
- 아스트라이오스(Astraeus): 황혼과 별자리의 신, 크리오스의 아들
- 아우라(Aura): 바람과 공기의 여신, 티탄 신족의 후손
- 아나케(Ananke): 필연과 운명을 상징하는 여신

티탄과 관련된 신적 존재들[***]

- 기간테스(Gigantes): 티탄 신족과 우라노스의 피에서 태어난 거인족
- 헤카톤케이레스(Hecatoncheires): 50개의 머리와 100개의 손을 가진 힘센 거인으로, 타르타로스에 갇힌 크로노스 등 티탄족을 감시
- 키클롭스(Cyclopes): 외눈을 가진 거대한 대장장이 신족

[***] 티탄 신족과 직접적인 혈연관계를 갖거나, 티탄 신족과의 전쟁 및 신화적 사건에서 중요한 역할을 담당하는 존재들.

올림푸스신 세대[*]

올림푸스 주요 14신

- 제우스(Zeus): 하늘과 번개의 신, 올림포스의 최고신
- 헤라(Hera): 결혼과 가정의 여신, 제우스의 배우자
- 포세이돈(Poseidon): 바다의 신, 삼지창의 주인
- 하데스(Hades): 저승의 신, 죽음과 명계를 관장
- 데메테르(Demeter): 농업과 풍요의 여신
- 헤스티아(Hestia): 가정과 불의 여신
- 아테나(Athena): 지혜와 전쟁의 여신
- 아폴론(Apollo): 태양과 음악, 예언의 신
- 아르테미스(Artemis): 달과 사냥의 여신
- 아레스(Ares): 전쟁과 분노의 신, 전투의 상징
- 아프로디테(Aphrodite): 사랑과 미의 여신
- 헤르메스(Hermes): 신들의 전령, 여행과 상업의 신
- 디오니소스(Dionysus): 포도주와 축제의 신, 환희
- 헤파이스토스(Hephaestus): 대장장이와 불의 신

제우스의 자녀들 및 관련 신들

- 페르세포네(Persephone): 저승의 여왕, 데메테르와 제우스의 딸
- 에일레이티아(Eileithyia): 출산과 분만의 여신, 헤라의 딸

---

[*] 3세대, 제우스 시대

- 헤베(Hebe): 청춘과 젊음을 상징하는 여신, 헤라의 딸, 헤라클레스의 3번째 부인
- 판(Pan): 목축과 자연의 신, 헤르메스의 아들

올림포스산에서 활동하는 신들

- 닉스(Nyx): 밤의 여신, 원초신이지만 올림푸스 신들과 많이 관련됨
- 에로스(Eros): 사랑과 욕망의 신, 아프로디테의 자
- 이리스(Iris): 무지개와 신들의 전령을 담당한 여신
- 네메시스(Nemesis): 정의와 복수를 관장하는 여신
- 타이케(Tyche): 행운과 운명을 상징하는 여신
- 하르모니아(Harmonia): 조화와 평온 상징하는 여신으로, 아레스와 아프로디테의 딸이자 카드무스의 부인. 세멜레와 3명의 아들을 둠.

올림포스 신족과 밀접한 관련이 있는 신들[**]

- 모이라이(Moirai, 운명의 여신들): 인간의 운명을 결정하는 세 여신
- 호라이(Horae): 계절과 질서를 관장하는 여신들
- 카리테스(Charites): 아름다움과 우아함을 상징하는 여신들
- 뮤즈(Muses): 예술과 학문을 관장하는 아홉 여신

[**] 올림포스 신족과 함께 신화 속에서 중요한 역할을 하며, 인간과 신들의 운명을 결정하는 존재들.

제우스와 헤라를 중심으로 올림푸스산 궁전에서 만찬을 즐기는 3세대 신들

인간에게 불을 전하는 프로메테우스

제9장

그리스 로마 신화의 詩적 접근

아프로디테와 아레스의 밀애 장면을 목격하는 올림푸스 신들의 표정

1. 詩적 접근의 목적

신화를 단순한 이야기로 보는 것이 아니라, 인간의 삶과 사고를 반영하는 중요한 요소로 이해하고, 시를 통해 신화의 감성과 철학을 더욱 깊이 탐구하기 위함이다.

2. 그리스 로마 신화가 현대에 미치는 영향

신화는 문학, 예술, 영화, 게임 등 다양한 문화 콘텐츠에서 여전히 살아 있는 신화적 요소이다. 현대인의 사고방식과 가치관에 신화가 큰 영향을 끼치고 있다.

3. 신화를 시로 표현하는 의미

신화의 웅장함과 인간적인 감성을 시적 언어로 더욱 섬세하게 담아내는 과정이다. 운율과 상징을 활용하여 신화를 새로운 시각으로 표현하고 경험하는 방법이기도 하다. 신화를 단순한 과거의 재미있는 이야기가 아닌, 현재의 삶 속에서도 의미 있는 존재로 바라보는 것이 필요하다.

4. 신화의 본질과 구조

1) 신화란 무엇인가?

신화는 단순한 옛날이야기가 아니라, 현세대 우리들의 사고와 문화 속에서 중요한 역할을 해 오고 있다. 모든 문명과 각 시대는 고유한 신화를 가지고 있으며, 이런 신화는 종교적, 사회적, 철학적 의미를 지니고 있다.

〈신화의 서사적 특징〉

- 초월적 존재의 등장: 신화에는 종종 신, 영웅, 괴물과 같은 초월적인 존재가 등장하고. 이들은 인간과 자연, 우주의 질서를 설명하는 중요한 요소이다.
- 상징적 서사 구조: 신화는 특정한 메시지를 전달하기 위해 상징과 은유를 적극 활용한다. 예를 들어 프로메테우스의 불은 인간의 지혜와 도전 정신을 상징하며, 헤라클레스의 12가지 과업은 인간의 인내와 성장 과정을 상징한다.
- 운명과 시련: 신화 속 인물들은 운명을 맞닥뜨리며 도전을 하는 속에서 시련을 극복하고 변화를 경험한다.
- 구전과 변형 가능성: 신화는 오랜 세월 구전되어 내려왔으며, 각 시대와 문화에 맞게 변화하면서 새로운 해석이 더해지고 있다.

⟨신화의 기능⟩

- 세계에 대한 설명: 고대인들은 신화를 통해 자연 현상과 우주의 질서를 설명하고 이해했다. 예를 들어 제우스의 천둥은 폭풍의 원인이라고 이해했다.
- 사회적 질서 유지: 신화는 인간 사회의 규범과 윤리를 전달하는 역할도 한다. 예를 들어 오이디푸스 신화는 운명과 인간의 선택이라는 철학적 고민을 함축하고 있다.
- 정체성과 연대감 형성: 신화는 공동체의 정체성을 강화하고, 문화적 유산을 이어 간다. 그리스 신화는 고대 그리스인들에게 강한 정체성을 심어 주었고, 오늘날에도 많은 사람들에게 영감을 주고 있다.
- 예술과 창작의 원천: 신화는 문학, 미술, 음악, 영화 등에 끊임없는 영감을 제공하며, 현대 예술에서도 중요한 모티프로 활용되고 있다.

신화는 과거의 유물이 아니라 현재도 우리 삶과 사고 속에 살아 숨 쉬고 있고, 신화를 통해 인간의 삶을 깊이 이해하고, 우리가 나아갈 방향을 다시금 고민해 보게 한다.

2) 그리스 로마 신화의 주요 구성 요소

그리스 로마 신화는 신, 영웅, 그리고 인간이라는 세 가지 주요 구성 요소를 중심으로 전개된다. 이들은 신화 속에서 서로 얽히며 인간의 운명과 세계의 질서를 형성하는 중요한 역할을 한다.

⟨신(Gods)⟩

그리스 로마 신화에서 신들은 인간 세계를 초월하는 존재로서, 각자 고유한 힘과 영역을 가지고 있다. 신들 사이의 갈등: 신들 사이에서도 경쟁과 갈등이 존재하고, 이를 통해 인간 세계에 영향을 미치고 있다. 예를 들어 트로이 전쟁은 여러 신들의 갈등에서 비롯되었다.

⟨영웅(Heroes)⟩

영웅은 신과 인간 사이에 위치하며, 부모 중 어느 한쪽이 신이고 다른 한쪽은 인간이다. 이들은 보통 특별한 능력을 지닌 인간으로, 위대한 업적을 이루고 신과 운명에 맞서 싸우기도 한다. 영웅의 여정: 영웅들은 시련을 겪고 성장하며, 결국 운명을 받아들이거나 극복하는 과정이 그려지고 있다.

⟨인간(Mortals)⟩

신화 속 인간은 신과 영웅의 이야기 속에서 중요한 역할을 한다. 인간의 감정과 선택이 신화를 더욱 현실적으로 만든다. 인간은 종종 운명에 의해 제한되지만, 자신의 선택을 통해 운명을 개척하려 한다. 오이디푸스 신화는 이러한 운명과 선택의 갈등을 극적으로 보여 준다.

그리스 로마 신화는 신과 영웅, 그리고 인간이 상호 작용하며 이야기가 펼쳐지는 구조를 지닌다. 이는 단순한 이야기 이상의 의미를 지니며, 인간의 삶과 사고방식을 깊이 탐구하는 중요한 서사적 도구가 된다.

3) 신화를 시로 해석할 때의 가능성과 한계
〈가능성〉
- 신화의 감성적 깊이를 강조: 신화는 서사적 구조를 갖춘 이야기지만, 이를 시로 풀어내면 감정과 분위기를 더욱 강하게 전달할 수 있다. 예를 들어 오르페우스와 에우리디케의 이야기를 서사적으로 전달하면, 사건 중심이나 시로 표현하면 사랑과 절망의 감성이 더욱 강렬하게 전달된다.
- 상징과 은유를 통한 새로운 해석: 시는 상징과 은유를 적극적으로 활용하는 문학 형식이어서 이를 통해 신화 속 인물과 사건을 현대적인 시각에서 새롭게 조명할 수 있다. 예컨대 프로메테우스의 불을 '희망의 불꽃'으로 묘사하면서, 인간이 불확실한 희망과 미래를 향해 나아가는 과정에 비유할 수 있다.

- 운율과 리듬을 통한 서사적 웅장함 강조: 서사시 형태로 신화를 재구성하면 신화 특유의 장엄함을 더욱 부각할 수 있다. 예를 들어 호메로스의 《일리어드》나 《오디세이》처럼, 운율과 반복 구조를 사용하면 신화의 웅장함을 극적으로 표현할 수 있다.
- 현대적 공감대 형성: 신화 이야기를 현대적인 감성과 연결하면 독자들이 더 쉽게 몰입할 수 있다. 예컨대 헤라클레스의 시련을 현대인의 도전과 시련에 빗대어 풀어내면, 고대 신화가 현재의 삶과도 연관된다는 점을 강조할 수 있다.

〈한계〉

- 서사의 간결화로 인한 정보 손실: 신화는 복잡한 이야기 구조를 가지는데, 이를 시로 압축하면 원래 이야기의 요소가 생략될 가능성이 있다. 예를 들면, 트로이 전쟁의 모든 사건을 시로 표현하기는 어렵기 때문에, 특정 부분만 강조해야 할 수도 있어, 전체 이야기를 전달 못하기도 한다.
- 독자의 이해도 문제: 신화를 시로 표현하면 은유나 상징이 많아져 독자가 의미를 직관적으로 이해하기 어려울 수 있다. 또한 특정한 역사적·문화적 배경을 모르면 시의 내용이 어렵게 느껴질 수 있다.

- 신화의 구조적 요소와의 충돌: 신화는 이야기 중심의 구조여서, 서사를 강조해야 하는 부분에서는 시의 형식이 적절하지 않을 수 있다. 예를 들어 신들의 갈등을 세부적으로 풀어내야 하는 경우, 서사적인 글이 더 효과적일 수 있다.
- 리듬과 운율의 제한: 시적 형식은 특정한 운율과 구조를 유지해야 하므로, 신화의 모든 내용과 요소를 자유롭게 표현하기에 어려움이 있다. 또한 형식에 맞추기 위해 일부 내용을 단순화하거나 변경해야 할 수도 있다.

〈결론〉

신화를 시로 해석하는 것은 신화의 감성을 극대화하고, 새로운 의미를 부여하는 매력적인 방법이지만, 서사적 완성도와 이해도를 유지하는 데 한계가 있을 수 있다. 따라서 독자들이 신화의 핵심을 파악할 수 있도록 균형을 유지하면서 시적 표현을 활용하는 것이 중요하다.

5. 대표적인 신화와 시적 접근

1) 헤라클레스의 12가지 과업: 힘과 운명의 무게
헤라클레스는 그리스 신화에서 가장 유명한 영웅으로, 탁

월한 힘과 용기를 가진 영웅이지만 그의 삶은 단순한 영웅담이 아니라, 운명과 시련 속에서 끊임없이 싸워야 했던 인간적인 이야기를 담고 있다.

〈헤라클레스의 운명과 시련〉

그는 제우스와 인간 알크메네 사이에서 태어나, 신의 피를 이었지만 인간으로서 고통을 겪어야 했다. 헤라의 질투로 인해 그는 광기에 휩싸여 가족을 잔혹하게 죽이는 비극을 겪고, 이에 대한 속죄로 12가지 과업(고난의 여정)을 수행하게 된다. 이 과업은 단순한 육체적 힘의 시험이 아니라, 운명과 신들의 명령 속에서 자신의 삶을 극복하는 과정이었다. 이 12가지 과업은 난관을 극복하는 과정이며, 각각 인간의 한계를 시험하는 12가지 도전이다.

〈헤라클라스의 여정: 도전과 극복의 상징〉

힘의 상징이지만, 운명의 짐을 진 헤라클레스는 초인적인 힘을 가졌으나, 그의 삶은 고난과 속죄의 여정이었다.

- 힘의 무게: 그는 신의 혈통을 가졌지만 인간으로서 감정을 가진 존재였고, 그로 인해 끊임없이 고통을 겪는다.
- 운명의 굴레: 그는 강하지만 자유롭지 않았고, 신들의 명령에 따라 과업을 수행해야 했고, 결국 자신이 지은

죄에 대한 속죄를 이루었다.
- 불사의 영웅이 된 헤라클레스: 모든 과업을 완수한 후, 그는 결국 신이 되어 올림푸스로 올라갔으며, 힘과 인내의 상징이 되었다.

헤라클레스의 여정은 단순한 모험담이 아니라, 인간의 노력과 극복을 보여 주는 강렬한 신화적 서사이다. 그의 이야기는 오늘날에도 도전과 극복의 상징으로 남아 있으며, 영화, 문학, 예술 속에서도 여전히 강렬하게 살아 숨 쉬고 있다.

2) 프로메테우스와 불의 상징성: 희망과 도전

그는 그리스 신화에서 인간에게 불을 가져다준, 희망과 도전의 상징이고, 이것은 단순한 신화가 아니라, 인간의 지적 탐구와 독립성, 그리고 신에 대한 도전이라는 철학적인 의미를 담고 있다.

〈 프로메테우스와 신들의 갈등〉
- 그는 티탄족으로, 인간을 창조하고 발전을 돕고자 했지만 올림푸스의 신들은 인간이 신적 지식을 가지는 것을 경계했고, 인간에게 불을 주는 것을 금지했다.
- 프로메테우스는 신의 뜻을 거스르고, 올림푸스에서 불

을 훔쳐 인간에게 전달했다. 그는 인간이 불을 통해 문명을 발전시키고, 신들에 의존하지 않는 독립적인 존재가 되도록 돕고자 했다.
- 제우스는 이에 격노하여 프로메테우스를 카우카수스산에 묶어 두고, 독수리가 그의 간을 매일 뜯어먹는 형벌을 내렸다.

이 사건은 자유와 혁신을 향한 도전을 의미하며, 신의 질서에 반하여 인간을 위한 희생을 선택한 프로메테우스의 용기는 현대인에게도 강렬한 메시지를 전달한다. 신의 권위를 거스르고 불을 훔친 프로메테우스는 금기와 한계를 넘어서는 인간의 의지를 상징한다.

- 위험과 책임: 불은 창조와 파괴를 동시에 지닌 존재로, 이를 사용하는 인간의 책임과 윤리적 고민을 요구한다.
- 프로메테우스의 불은 단순한 생존 도구가 아니라, 인간이 지식을 탐구하고 자유를 갈망하는 근본적인 본능을 의미한다.

〈프로메테우스 신화의 현대적 의미〉
프로메테우스의 불은 오늘날에도 도전과 혁신의 원천으로 해석된다.

- 과학과 기술의 발전: 인공지능, 생명공학, 핵 재발, 우주 탐사 등 인간의 발전은 프로메테우스의 불과 같은 역할을 하고 있다.
- 사회적 혁신과 저항: 자유와 독립을 위한 투쟁, 억압에 대한 저항은 프로메테우스의 정신을 이어 가고 있다.
- 윤리적 책임과 한계: 인간은 새로운 기술과 지식을 발견하지만, 그것을 어떻게 사용할지에 대한 고민이 필요하다.

3) 오디세우스와 방랑: 인간의 여정과 자기 탐색

오디세우스의 이야기는 단순한 영웅의 귀환이 아니라, 인간의 내면과 운명을 탐구하는 깊은 여정이다. 그의 모험은 외적인 도전뿐만 아니라, 자기 성찰과 지혜를 쌓아 가는 과정이기도 했다.

〈귀환의 여정: 시련과 성장〉
- 그는 트로이 전쟁에서 승리했지만, 고향 이타카로 돌아가는 길은 결코 순탄하지 않았다.
- 그는 포세이돈의 저주로 인해 10년 동안 바다를 떠돈다.
- 수많은 유혹과 위험을 겪으며, 단순한 전쟁 영웅에서 지혜와 인내의 상징으로 변화한다. 그의 여정은 인간이 목표를 향해 가는 과정에서 겪는 도전과 성장의 상징이다.

⟨오디세우스의 귀환과 자기 탐색⟩

그의 여정이 끝날 때, 오디세우스는 단순한 전사가 아니라 깊은 깨달음을 얻은 인간으로 고향에 귀환한다.

- 그는 무력을 넘어 지혜와 절제를 통해 승리를 거둔다.
- 이타카로 돌아와 아내 페넬로페와 재회하면서, 진정한 귀향은 육체적 이동이 아니라 내면의 변화와 성숙임을 보여 준다.
- 그의 모험은 인간이 삶의 여정 속에서 자신을 찾고, 운명을 받아들이는 과정을 상징한다.

그의 방랑은 단순한 모험담이 아니라, 우리 모두가 겪는 삶의 과정과 선택의 의미를 담고 있는 이야기이다.

6. 신화적 모티프의 시적 표현

신화적 모티프는 시적 언어를 통해 더욱 깊은 의미를 부여받는다. 사랑과 운명의 엇갈림, 영웅의 고난과 승리, 신들의 장난과 인간의 선택이 운율과 은유 속에서 새롭게 빛을 발한다. 이러한 표현 방식은 신화가 단순한 과거의 이야기가 아닌, 우리 삶과 감성 속에서 끊임없이 살아 숨 쉬는 존재임을 보여 준다.

1) 사랑과 비극: 오르페우스와 에우리디케, 파에톤의 추락

신화 속 사랑은 종종 운명과 비극이 얽힌 형태로 나타난다. 오르페우스와 에우리디케, 그리고 파에톤의 이야기는 사랑과 욕망, 그리고 인간의 한계를 탐구하는 대표적인 신화적 서사이다.

2) 파에톤의 추락: 자만과 욕망의 결과

파에톤은 태양신 헬리오스의 아들이었으며, 자신이 진정 신의 혈통임을 증명하고 싶어 했다. 그는 아버지에게 태양 마차를 몰게 해 달라고 요구했으며, 헬리오스는 경고했지만 결국 그의 소원을 들어준다.

하지만 파에톤은 태양 마차를 제대로 조종하지 못했고, 하늘과 땅을 불태우며 대혼란을 일으켰다. 결국 제우스가 번개를 내려 그를 떨어뜨렸고, 파에톤은 강에 추락하여 죽었다.

- 자만의 비극: 욕망과 자만은 인간을 위험한 길로 이끌며, 이를 극복하지 못하면 파멸로 이어질 수밖에 없다.
- 책임과 선택: 그는 신이 될 수 있는 운명을 원했지만, 자신의 능력을 넘는 도전을 감행하여 결국 실패했다.

3) 사랑과 비극의 공통점과 교훈

- 운명의 개입: 두 이야기 모두 인간이 자신의 운명을 거스르려 했지만 결국 실패했다.
- 감정과 선택: 오르페우스는 사랑 속에서 감정을 극복하지 못했고, 파에톤은 욕망 속에서 신중함을 잃었다.
- 끝없는 인간의 탐색: 사랑과 욕망은 인간의 본능이며, 우리는 그것을 통해 삶을 탐구하지만 때로는 치명적인 대가를 치러야 한다.

4) 신과 인간의 갈등: 제우스의 심판과 인간의 선택

그리스 신화에서 제우스는 신들의 왕이자, 인간과 신 사이의 질서를 유지하는 존재로 그의 심판은 항상 절대적이었으며, 인간은 그 속에서 운명과 선택의 기로에 서야 했다. 이 갈등은 단순한 권력의 대립이 아니라, 인간의 자유와 신의 권위 사이에서 벌어지는 깊은 철학적 고민을 담고 있다.

〈신과 인간의 갈등의 현대적 의미〉

신화 속 이야기들은 단순한 과거의 사건이 아니라, 오늘날에도 중요한 의미를 가진다.

- 권위와 자유의 대립: 사회적 규범과 개인의 자유 사이에서 인간은 여전히 선택을 해야 한다.

- 운명의 개입과 인간의 도전: 우리는 삶에서 주어진 조건을 받아들일 것인지, 극복하고 개척할 것인지를 고민한다.
- 신화 속 선택과 삶의 의미: 인간은 제우스와 같은 절대적인 존재가 아닌, 자신의 선택을 통해 길을 찾아가야 한다.

제우스의 심판과 인간의 선택은 단순한 신화가 아니라, 인간이 삶 속에서 겪는 본질적인 고민을 보여 준다.

신화는 과거의 이야기가 아니라,
우리 삶 속에서 끊임없이 반복되며
새롭게 태어나는 사고방식이다.

> 시집 평설

신화로 톺아보는 신과, 인간의 교합과 희로애락

| 손해일(시인, 문학박사, 국제펜한국본부 명예이사장)

　송인엽 시인의 제4시집 《〈시(詩)로 노래하는 그리스 로마 신화〉》 발간을 진심으로 축하드립니다.

　송인엽 시인(이하 송 시인)은 이미 지구촌을 무대로 수십 년간 종횡무진 활약해 온 국제협력 전문가입니다. 송 시인은 한국국제협력사업단(KOICA)의 창단 멤버로 아이티, 이라크, 에티오피아 등 8개국의 소장을 역임한 바 있습니다. 한국의 KOICA는 "하면 된다"는 한국인의 강인한 개척 정신과 실질적 국제협력을 통해 특히, 개발도상국들의 자력갱생과 국가 발전에 크게 기여하는 것으로 호평받고 있습니다.

　필자 역시 우리나라가 개발도상국이던 1984년에 일본 이바라끼현 소재 JICA(일본국제협력사업단)에 초청받아 약 200명의 개발도상국 연수생들과 1년간 함께 연수를 받으면서 그 역할의 중요성을 직접 체감한 바 있습니다.

송 시인은 다양한 국제적 경험과 마인드를 바탕으로 이미 첫 시집 『시로 노래하는 세계 여행』 등 3권의 시집을 포함한 16권의 저서를 출간하였으며, 한국교원대 초빙 교수와 컬럼니스트와 유튜버 등으로 다양하게 활약하고 있습니다.

이번 제4시집은 그리스 로마신화를 서사시로 풀어낸 역작입니다. 특히 이 시집 제9장 '신들의 계보'에서 알 수 있듯이 등장하는 신들의 종류와 숫자도 엄청 많거니와 각 신들의 역할과 혼맥과 인연 관계로 인한 복잡다기한 내용은 상상을 초월합니다. 특히 로마 신화는 그리스 신화를 원형으로 신의 이름과 역할 등이 달라짐으로써 생기는 혼란도 만만치 않습니다. 로마의 신들은 그리스 신들의 계보와 역할을 차용해 비슷하지만, 이름이 다릅니다. 예를 들면 그리스 신화의 '제우스'는 로마 신화의 '쥬피터'입니다.

이 시집에서 송 시인이 복잡한 신들의 계보를 일목요연하게 정리하고, 신들의 역할과 특징에서 오는 영감을 시로 표현한 것은, 대단한 집중력과 꾸준한 노력을 요하는 작업입니다. 송 시인의 노고에 격려를 보냅니다.

본고에서는 개별 시 작품에 대한 해설보다는 이번 시집 발간의 의미와 개괄적 관전평에 중점을 두고자 합니다. 그리스 로마 신들의 계보와 각 신들끼리의 얽히고설킨 내용을 소재로 한 복잡하고도 방대한 서사시이기 때문입니다. 여기서는 개별 신들에 대한 특징과 역할에 대한 논평이 충일한 감성의 시로 표현되고 있습니다. 신화라는 소재는 서사적이지만 개별 시들은 서정성이 풍부합니다.

그리스 로마 신화는 신화 자체로서의 존재뿐만 아니라 오늘날도 역사와 문화예술의 원천적 제재로서 우리에게 큰 영향을 끼치고 있습니다. 여기서의 신들은 신성불가침의 거룩한 존재들이 아닙니다. 인간 세상을 영적으로 지배하면서도 신들끼리 또는 인간들과 결혼 또는 교합하고 희로애락도 함께하는 특이한 존재들입니다. 신성과 인성, 선함과 악마성을 함께 지닌 복합적 존재들입니다.

이 책은 총 9개의 장으로 구성되어 있습니다.

- 1장 원초신 세대
- 2장 티탄신 세대
- 3장 올림푸스신 세대
- 4장 영웅시대
- 5장 트로이 전쟁
- 6장 인간시대
- 7장 신화의 여운과 현대적 해석
- 8장 신들의 계보
- 9장 그리스 로마 신화의 詩적 접근

송 시인은 9장 '신들의 계보'에서 신의 3세대, 즉 우라노스, 크라노스, 제우스까지의 계보를 정리하고 있습니다. 그렇다면 그리스 로마 신화에 등장하는 신들은 총 몇 명이나 될까요? 정확한 수를 단정 짓기는 어렵습니다. 신들의 계급과 역할에 따라 여러 범주로 나누며, 각 범주에 포함된 신의 수가 다르기 때문입니다. 주요 신들은 올림포스 12신, 티탄신, 원초적 신 등 약 30~50명인데, 소규모 신, 정령, 지역 신들까지를 합하면 약 300~1,000명 이상이 된다고 합니다.

그리스 로마 신화는 태초에 존재했던 카오스(혼돈)로부터 가이아(대지의 여신)를 포함한 원초적 신들의 탄생부터 시작합니다. 가이아는 우라노스(하늘의 신)와 폰토스(바다의 신)를 낳고, 형 우라노스가 왕이 됩니다. 가이아는 우라노스와의 사이에서 많은 신들을 낳습니다.

그중 몇몇은 모습이 아주 흉측하여 이를 증오한 우라노스가 이들을 무한지옥인 타르타로스에 감금합니다. 이에 격분한 가이아는 크로노스를 시켜 우라노스를 거세하고 왕의 자리에서 내쫓습니다. 크로노스는 아버지인 우라노스를 쫓아낸 뒤 스스로 왕이 되어 남매인 레아와 결혼해 여러 신들을 낳습니다.

그중 하나가 제우스인데, 제우스 역시 자신의 아버지가 그랬듯이 크로노스를 내쫓고 제3대 왕이 됩니다. 그리스 로마 신화의 끝은 트로이 전쟁입니다. 인간의 이야기인 트로이 전쟁이 끝난 뒤 로마를 건국한 아이네이아스의 이야기와 오디세이아 두 가지가 이 신화의 결말입니다.

그리스 로마 신화는 우리의 일상뿐 아니라 정치, 사회, 문화, 예술 전반에 걸쳐 영향을 끼치고 있습니다. 특히 신화를 원용하는 '신화원형비평'은 신화적 상징(원형:archetype)을 통해 작품 해석의 단초를 이끌어 내는 방법론입니다.

이 시집 본문에서 전개된 송 시인의 개별 시들은 대부분 이해하기 쉽기에 이에 대한 논평은 생략했습니다. 송 시인의 닫는 시를 소개하며 이 글을 마칩니다.

닫는 시

신화의 길

노래는 바람을 타며 흐르고
신화는 다시 우리의 것이 된다

황금빛 모래 위에 새겨진 꿈
영웅의 발자국은 사라지지 않는다

신들의 목소리는 멀어졌건만
인간은 여전히 길을 찾는다

오디세우스의 돛은 나부끼며
미래의 바다를 향해 나아간다

사랑과 전쟁이 지나간 자리
우리는 여전히 답을 묻는다

과거의 불꽃이 희미해져도
신화의 불씨는 꺼지지 않는다

이야기는 끝이 아니라 시작
또 다른 운명이 우리를 부른다

태초의 바람이 속삭이는 곳에서
우리는 새로운 신화를 써 내려간다